BLACK SWAN 黑天鹅图书

U0932370

绝景之美

拼死也要去的64个世界绝景

[日] 诗步 著　汪云云 译

测绘出版社
SURVEYING AND MAPPING PRESS

目录

前言

“作为实习生的工作之一，大家要各自创建一个Facebook 网页，互相比较彼此两个月的点赞率，大家加油呀！”

以这样意想不到的事情为契机，《绝景之美》诞生了。

刚开始的时候，根本无法想象一年后我的Facebook还在更新，并且受到了来自世界各地56万读者的支持及出版成书这些事情。

2012年4月16日，是创建这个项目的日子。

“要比较点赞率的话，就一定要争取第一名！……可是怎么争取呢？”我苦思冥想之后想到一个办法——将我的Facebook命名为“世界绝景”。

我本来就特别喜欢旅行，要单独背包旅行的话，一般都会选择陆地旅行或是日本一周游这样的。可是如果想要赢的话，就只有去世界各地寻找美景，而且我的Facebook内容首先要从“旅行”这个词出发，才能吸引到人们的眼球。

同时，即便是现在，在我看来，旅行最大的目的就是看美景。

坐落于广阔无垠的玻利维亚的雪白的乌尤尼盐湖，像生物一样改变颜色的澳大利亚的乌鲁鲁，拥有数千年历史的日本屋久岛上的屋久杉，散发着神秘的气息，让人们为之沉迷。

如果可能的话，我想像小鸟一样，绕世界一周，看各种美丽的景色，可是现实却不允许这样。

（注）56万人点赞的“有生之年不能错过的世界绝景”的facebook链接

http://www.facebook.com/sekainozekkei（参考第6页）。

那么，至少，我可以先将自己想看的绝景拍摄下来。怀着这样的想法，题目就定为“绝景”了。

之后，我每天都在做着相似的模拟旅行。

一天找一处美景，然后更新Facebook网页。

刚开始在Facebook上更新图片时，第一天获得了100个赞，一个半月获得了1000个赞，两个半月获得了10000个赞。到现在一年过去了，我的Facebook网页已经发展成了有56万支持者的传播媒介了。

我每天都能收到来自大家的信息，比如“我因为生病，不能出去旅行，可是看了那些旅游景点的介绍后，感觉自己就像去过那些地方一样。”“我去你介绍过的景点旅行啦！”

刚开始我是为了自己的工作才创建的这个网页，现在却吸引了大量的粉丝，并且成了为他人旅游服务的工具，这让我感到无比地自豪。

如果通过《绝景之美》这本书，能让更多人与更多的美景相遇，在我看来，一定是一件无比幸福的事情。

诗步

本书的用法

本书是从Facebook——“有生之年不能错过的世界绝景”诞生而来的照片集。Facebook是一个社交网站，在网站上用户可以彼此交流，企业、同好会也可以制作、公开自己的主页。如果按下“赞”点赞的话，就会自动成为点赞主页的粉丝，可以在自己的时间线上看到对方更新的最新动态。

用照片来展示世界各地美景的主页——有生之年不能错过的世界绝景，现在有56万人点过赞，人气特别高。本书的作者诗步现在还在持续地更新中。

诗步从粉丝的想法——将主页中上传的照片整理成图片集中获得灵感，将自己过去所介绍的景点中人气特别高的整理出来，编成了这本书。同时为了解决大家“怎样去”的问题，诗步同专门的旅行公司HIS合作，对于书里面出现的景点进行了简单的旅游信息介绍。这样一来，大家可以在边看照片和旅游信息的同时，边进行实际的旅游准备，也可以发挥自己的想象力，尽情遨游在美景的世界里。

❶有没有直飞的航班？没有的话，怎么进行中转？大约需要多长的时间等的介绍

❷在Facebook——“有生之年不能错过的世界绝景”专栏中，实际去过这些地方并留言评论的粉丝们的经验谈

❸旅行计划：既有短时间旅行计划，也有长时间旅行计划

❹去看绝景的最佳时期

❺旅行的基本预算

❻旅游须知

❼想继续游玩1—2天时推荐参观的场所

❽想出去旅游的话，就咨询我们吧

Facebook网页

有生之年不能错过的世界绝景

http://www.facebook.com/sekainozekkei

※关于书中的信息，请在旅行前确认最新的信息。

※本书中所记载的时间、费用、交通方式只是一个参照，有时会根据实际状况发生改变。

※本书介绍的内容几乎都是参照以前的内容进行叙述的，以后也许会有一些变化。

※由于情报失误造成的损失，我们概不负责，敬请谅解。

绝景06　冒纳罗亚火山　美国

想躺在山顶上数流星

1

景点去程

从科纳国际机场出发，乘坐19号线向北走，在第二个红绿灯处右转（虽说是第二个红绿灯，但也要将近40分钟的车程），右转之后，直行到尽头再左转，等行驶看到“马鞍路”标志的时候再向右拐，大约30分钟的车程之后，左边就会出现弯弯曲曲的道路，在那个路口向左拐（这时海拔已经是2000米了）之后就只有一条通往山顶的道路了。

途中，在海拔2800米处有个叫“鬼家访客中心”的资料馆。在这之后的道路都是没有经过修理的泥巴沙路，如果不是四轮驱动车的话，很难爬上去。虽说一个人也可以登上去，但是租车是没有保险的，所以建议大家组团去。

山中的景色和日本完全不同。

2

真棒！金阳守（游客感受）

我是去年去的，第一次看到纯天然的河流对于自小就在东京长大的我来说是非常棒的。虽然日本的游客不太会做这样的事情，可是稍微偏离去山顶的大道，走点小路的话更能领略360度无死角的自然美景。

SUPERB　TOUR　PLAN

行程

第一天	北京首都国际机场—火奴鲁鲁换乘—夏威夷岛—冒纳罗亚火山山顶观星—夏威夷
第二天	自由行动
第三天	夏威夷岛—火奴鲁鲁换乘
第四天	到达北京首都国际机场

可以充分享受南国的异域风情。

3

5

4

推荐旅行季节

夏季

建议大家夏天去，夏天的时候，夏威夷正处于干季，空气澄澈，晴天多，能看见星星的概率比较大。并且，冬天由于下雪，道路会结冰，一个人去特别危险。

旅行预算

大约1万人民币

包括飞机票，当地接送，住宿，早饭，组团旅行费用，燃油费。

旅游须知

就算是终年湿热的夏威夷群岛，山顶附近也特别地冷，所以大家一定要带保暖衣物。如果是组团旅行的话，有出租保暖夹克、羊毛毯等物品的地方，可以不用携带这些东西，轻松出行。由于登山的时候，脚下不太能看清，十分危险，所以建议大家穿运动鞋。同时为防止高山病，大家在身体准备好之后再登山，同时还要确保水分的摄取。 6

7

也想来这里看看

虽然不是什么有名的景点，在去冒纳罗亚火山中途的“鬼家访客中心”开始通往山顶道路两旁的景色也特别地美丽。一边是广阔的熔岩平原，一边是高耸着的冒纳罗亚火山。

同时，第二天的话，建议大家去看看夏威夷国家火山公园。基拉韦厄活火山还是世界遗产之一哦！步行于公园之中，你可以切实感受到来自大地的能量。

之后还可以去由破碎的岩浆石形成的黑沙海岸。

在黑沙海岸也许能和海龟有个浪漫的邂逅哦。

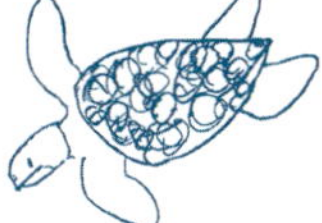

去哪儿攻略，你最聪明的旅行指南。

8

绝景 01

克利宛的恋爱隧道

乌克兰

009　位于距首都基辅350千米左右的小镇上，通称为“恋爱隧道”。就像是被施了魔法一般，形状如同天然的通道。大约延绵3000米的这个通道，现在依然承担着当地运输货物的重要作用。这里是世界各地情侣必来的恋爱圣地。

美得像能实现愿望的仙境一样，只能说它是一个奇迹

景点去程

首先从中国乘飞机中转到乌克兰首都基辅，大约需要14个小时的航程。目的地是一个叫作克利宛的小镇。从基辅可以坐汽车或是火车去克利宛。

如果是坐汽车的话，就要从汽车总站（汽车站）乘车去克利宛。

如果坐火车的话，先从基辅出发在科韦利换乘，之后到达克利宛。“恋爱隧道”离克利宛站比较远，下车打的去的话比较方便。

祖国母亲的雕像耸立在第聂伯河的右岸。

基辅一半以上都是浓郁的森林。

行程

SUPERB TOUR PLAN

第一天 北京首都国际机场—莫斯科中转—基辅—乘坐陆路交通工具（汽车或火车）去克利宛住宿

第二天 克利宛—基辅

第三天 基辅—莫斯科中转

第四天 到达北京首都国际机场

or

推荐旅行季节	旅行预算	旅游须知
夏季	大约1.5万人民币	

推荐旅行季节

夏季

纯天然的树木通道差不多绵延1000米，被人们称为“恋爱隧道”。夏季树木绿意盎然，是来这里参观的最佳时节。虽说“恋爱隧道”在每个季节都有自己独特的韵味，可还是建议大家在充满生机的绿色的“恋爱隧道”中度过浪漫的时光。

旅行预算

大约**1.5**万人民币

包括飞机票，燃油费，出入关税，住宿，吃饭。

旅游须知

这条隧道是由于搬运木材的货车（将木材运到克利宛站）一天往返1—3趟而形成的，所以隧道两旁都是树木，绿意丛生。在那里必须注意的是防止蚊虫叮咬和参观完隧道之后怎么返回车站的方法。虽然现在这里游客比较多，会时不时有出租车经过，可是在旅游淡季或夜晚的时候还是需要多加注意，以防不能顺利回到酒店。

如果去乌克兰其他地方的话，一定要在基辅住一夜。白天的时候，有许多值得游览的地方。可以去看看世界遗产——圣索菲亚大教堂或是看看当地的歌剧，等等。

黄金和各种色彩交相辉映的基辅教堂。

我去过的
世界绝景

1

马丘比丘·乌尤尼盐湖

文：诗步

每当别人问我说，到目前为止，你去过的最美的地方是哪里的时候，我的回答肯定是乌尤尼盐湖。

360度广阔无垠的纯白盐湖，上方是同样宽广的旭日蓝天。夕阳西落时的美感亦无法忘怀。

记忆中的南美之行是和好朋友一起去的。由于我们俩长得非常像，以至于总是被人们当作双胞胎。

从小时候起，我就对各种历史未解之谜特别感兴趣，决心一定要去马丘比丘看一下，因此，我首先制定了马丘比丘两日游的行程。

从库斯科出发，坐了大约5个小时的火车，再在汽车上颠簸30分钟之后，弯弯曲曲道路的尽头等着我的就是小时候在我脑海中描绘的景色。就和在书中看到的“空中之城”马丘比丘一样，特别美丽。

马丘比丘的遗址就像是在西洋镜里反射出来似的，特别地精致，韦纳比丘山也耸立在其后。

站在美景前的我们早已一句话都说不出来了，只是站在那里感受着四周的氛围。

这么巨大的空中之城当时究竟是怎样建造的？为什么会变成废墟？100多年前发现马丘比丘城的海勒姆•宾厄姆教授，在刚发现的瞬间心里该有多么震撼呀！

观看遗址的两日游期间，我想象的翅膀得到了充分的舒展。

从拉巴斯乘坐汽车和火车，大约半天之后，就到达了盐的白色世界。

在品尝了当天住宿的盐旅馆的风味之后，为了看日出，我们早早地起床，去日出的观测地点等待着。真不愧是海拔3700米的地方呀，早上去的时候特别冷。但是，无边无际的大盐湖和在盐湖前方缓缓升起的太阳，让我们两个人忘记了严寒，在雪白的盐湖上面开心地滚来滚去。

南美洲唯一一个不卖可口可乐的国家。人们日常喝的都是黄色的印加可乐，连麦当劳里面的套餐使用的都是这种印加可乐。

看美景时的惯例——拍特效照片。正在乌尤尼拍摄。

白天的时候，我们两个人跑到盐湖的中心位置去看了看。

到拍摄特效照片的时间了——作为观看完美景后的惯例。拍摄的时候，除了拍自己早已想好的特效照片之外，还得到了外国友人的帮助，拍摄了许多其他的照片。我最喜欢的还是身为巨人的我正在“吃着”人类那张特效照片。

但是，旅行终究是要结束的。当天结束之后，我们必须要离开乌尤尼。

但是，乌尤尼的美并没有就此结束。

在坐车之前，我们发现了在一般情况下不会涨水的干旱期却涨了水的地方。同时还看到了夕阳西下时的美景。

从上空缓缓西下的太阳，在水面倒映出又一个太阳。当两个太阳的光辉交汇融合的时候，黑夜降临了。

那时的情景，美得让人停止了呼吸，让我这一生都无法忘记。

乌尤尼盐湖，谢谢你，下次雨期的时候，我会回来看你的。

绝景 02

国立常陆海滨公园

日本

位于日本茨城县常陆那珂市的国立公园，四季都盛开着各类鲜花。5月上旬的时候，可以看到蓝蝶花海。淡蓝色的花朵就像和天蓝色的天空融为一体似的，向远方延伸。每年夏天都会在这里举办“日本摇滚音乐节”。

绝景 03

斯卡夫塔费德国家公园

冰岛

位于冰岛东南部的国家公园。公园里有欧洲最大的冰川和冰山，在这里你可以充分地感受到冰岛的自然之美。公园里的“蓝色冰窟”特别地有名，凝结了数百年的冰块折射进洞窟的光线，让整个洞窟笼罩在一片蓝色之中。

东京出发一日游美景，周末想去看看呀

景点去程

首先在JR常盘方向上野车站转乘特快，差不多70分钟将会到达胜田站。在胜田站东边出口的茨城交通2号线车站乘坐汽车，在海滨公园西门或是南门站下，大约需要20分钟。出租车的话，大约需要15分钟。

真棒！真由美小姐
真的太漂亮了。淡蓝色的山坡面朝着淡蓝色的大海。

真棒！穗积计人先生
蓝蝶的山坡在秋天的时候，会铺上一层红红的地肤草地毯。

直径约2厘米的小小蓝蝶花特别地可爱。

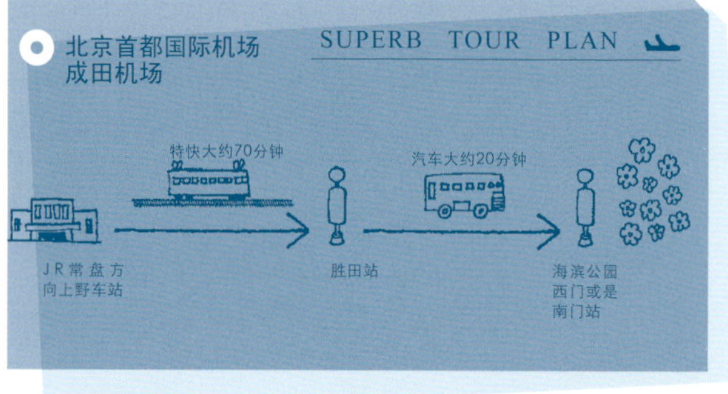

推荐旅行季节	旅行预算	旅游须知
春季	大约 5500 元人民币	由于公园比较宽广，建议大家穿比较适合行走的服装和鞋，同时不要忘记随时补充水分。春秋天去的时候，气温比较宜人，但是不能忘记采取一些防紫外线措施哦。因为随时都有可能举行户外活动，要做好防晒措施。
春天的蓝蝶和秋天的地肤草都特别地受欢迎。从黄金周开始，蓝蝶就将山坡染成一片花的海洋。9月下旬到10月期间，36000株地肤草全都红了脸，和波斯菊交相辉映。	包括交通费，门票费，吃饭，等等。	

也想来这里看看

如果想和自己的孩子度过亲密时光的话，推荐大家去附近的大洗水族馆。那里有日本最大的翻车鱼馆、人工养殖鲨鱼数最多的鲨鱼馆、精彩绝伦的海豚秀等好玩的东西。那珂凑的海鲜市场里海鲜种类齐全，价格合理，回去的时候也可以去那边逛逛。

此外，著名的袋田瀑布也在这附近。松尾芭蕉（日本俳圣）曾评价说每个季节都应该去看一下当季的瀑布。秋天的时候，在赏完红叶之后，建议大家去看看袋田瀑布。顺便说一句，停车场附近的酒店卖的苹果派可是人间的极品哦。

日本三大名瀑布之一——袋田瀑布。

照片由Tmoo.Yun提供
http://www.yunphoto.net

去一回就可以领略到很多的美景

景点去程

在冰岛的雷克雅未克租车自驾或是坐巴士都可以过去。但是大家一般选择的都是包括参观斯卡夫塔费德国家公园的旅行路线。

5月到9月都有巴士，单程6个小时多一点，车费400元人民币左右。对于想一日游的旅客来说，这样的无导游的旅行显得更加合算。但是，也建议大家选择有导游同行的旅程，那样可以有针对性地观赏一些景点。

公园的附近就有住宿的酒店，所以你可以在那里好好地住几天，细致地观赏风景。

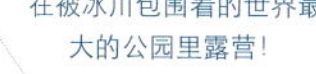

在被冰川包围着的世界最大的公园里露营！

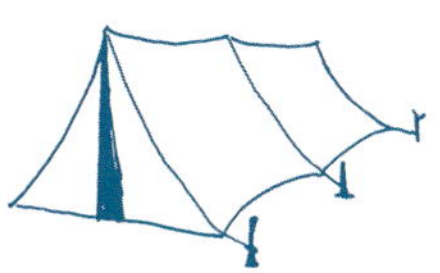

行程 SUPERB TOUR PLAN

第一天	北京首都国际机场—哥本哈根机场中转—雷克雅未克住宿
第二天	雷克雅未克—乘坐巴士到斯卡夫塔费德国家公园—斯卡夫塔费德住宿
第三天	斯卡夫塔费德观光
第四天	斯卡夫塔费德国家公园
第五天	雷克雅未克—哥本哈根机场中转
第六天	到达北京首都国际机场

推荐旅行季节

6月到8月

6月21日—8月15日从早上9点到晚上9点都是营业的，稍微迟一点也可以观光。这段时间瀑布的水量充足，水流充满力量。同时也希望大家好好享受一下冰岛珍贵的自然资源和冰川等景色。

旅行预算

大约1.8万人民币

包括机票费，燃油费，出入境税，当地交通费，住宿，当地旅游费等。

旅游须知

大部分的行程都是观看瀑布和冰川，所以弄湿鞋的概率比较大，因此建议大家穿防水的鞋子过去，此外，鞋子还要防滑。顺便说一下，欧洲最大的冰河瓦特纳冰原和拉基火山都在公园里面，建议大家参加当地的旅行团前去观看。

好不容易来到冰岛，建议大家去看看其国内的神灵瀑布，体验一下蓝湖沐浴。

可以观赏喷泉、瀑布等动态的大自然景观。

绝景 04

卡克斯劳坦恩酒店

芬兰

在拉普兰北部有一个叫作“玻璃冰屋”的半圆形玻璃酒店。在那里，你可以躺在床上观测极光。住宿费，两个人约3000元人民币。

绝景 05

大雾山国家公园

美国

大雾山国家公园位于美国东部，是横跨田纳西州和北卡罗来纳州的世界遗产。它是美国最受欢迎的国家公园之一。每年都有许多游客前来参观。由于温暖潮湿的气候，这里比较容易起雾，所以才命名为“大雾山”。很多人都会在公园里进行郊游等活动。

只要有星空和极光，其他都不需要

景点去程

首先从中国飞到赫尔辛基，然后从赫尔辛基机场飞到位于北极圈的伊瓦洛机场。卡克斯劳坦恩酒店的巴士在机场正面的巴士终点站停放着，需要住宿的游客可以去那里乘坐巴士。从伊瓦洛机场出发，大约30分钟之后就能到达卡克斯劳坦恩酒店。如果是一日游的话，可以先从伊瓦洛机场乘坐巴士，到萨利色尔卡村，行程大约需要20分钟。

首先就是电影《海鸥食堂》拍摄地赫尔辛基。

真棒！　小林真纪子小姐

我去的时候，由于是阴天没有看到极光，可是躺在床上，看着玻璃外广阔的森林，心情也特别愉悦。

行程

SUPERB TOUR PLAN

第一天	北京首都国际机场—赫尔辛基中转—伊瓦洛机场—卡克斯劳坦恩酒店住宿
第二天	自由行动
第三天	自由行动
第四天	卡克斯劳坦恩—伊瓦洛—赫尔辛基中转
第五天	到达北京首都国际机场

可以在酒店里体验到驯鹿雪橇、狗拉雪橇、圣诞老人之家等活动。

推荐旅行季节

12月到3月

推荐大家在冬季下雪即12月到3月的时候去。酒店周围都是森林，12月之前或是4月之后去的话，由于冰雪融化，道路泥泞，会十分不便。如果积雪比较深的话，游客们就可以向酒店申请体验驯鹿雪橇、狗拉雪橇等活动。

旅行预算

大约1.8万人民币

在卡克斯劳坦恩酒店住3天的话（包括飞机票，当地巴士，住宿，早饭，燃油费）大约需要1.8万人民币，但是如果在卡克斯劳坦恩玩1天，萨利色尔卡玩两天的话，差不多需要1.5万人民币。

旅游须知

玻璃冰屋里面是没有淋浴的，酒店附近有桑拿房，大家可以去桑拿房洗澡，蒸完桑拿回来的时候，有一段路需要步行，大家需要做好保暖措施。从玻璃冰屋出发，大约100米就有一家餐馆。酒店建筑的外形特别地相似，晚上出门去观测极光回来的时候，要注意别弄错房间哦。

在乘坐环绕巴士的时候，可以到达拥有圣诞老人村的罗瓦涅米（参照第141页的介绍）。建议大家去每天都是圣诞节的圣诞老人村看看，拍拍照片。此外，在赫尔辛基还能体验到购物的乐趣，像玛丽马克、伊塔拉这些北欧的品牌在这里你都可以找到。

遗址、建筑、街道都充满了北欧的风情。

超越科罗拉多大峡谷的大自然

蓝岭山脉将大雾山山脉包含其中。

景点去程

田纳西州机场或是北卡罗来纳州机场离那里都比较近，租辆车开过去是最好的。

真棒！智子R原真纪小姐
我在这个公园里住过一年哦。

行程　SUPERB TOUR PLAN

第一天	北京首都国际机场—芝加哥中转—阿什维尔住宿
第二天	阿什维尔—开车去沙岩—沙岩住宿
第三天	沙岩—奥康纳鲁夫游客中心—纽芬兰岛观光—糖岛游客中心—加特林堡住宿
第四天	充分体验周围大自然的美景，加特林堡住宿
第五天	加特林堡住宿—开车去诺克斯维尔机场—芝加哥中转
第六天	到达北京首都国际机场

推荐旅行季节

3月到11月

初春3月到晚秋11月都是来这里旅游的好时节，可以看到各种动植物景观。

旅行预算

大约1.46万人民币

包括飞机票，住宿，燃油费，出入境税费（以9月20日为例）。

旅游须知

这里气候温暖湿润，和中国南方很像，服装的话，参照在中国登高原时所需的服装就可以。在这里可以体验露营、远足、骑马、钓鱼等活动。钓鱼的话，需要田纳西州和北卡罗来纳州的许可证。此外，开车旅行的时候，不要突然急转弯或是横穿山路，要做到安全第一。

种类丰富的鸟、鱼栖息地。

具有典型南部特征的亚特兰大街道。

也想来这里看看

好不容易来到沙岩，建议大家去看看沙岩的印第安文化。奥康纳鲁夫游客中心附近有一个印第安保留地。5月到10月期间，可以去印第安人村看看，在导游的介绍下，体验一下印第安人的文化和历史。

此外，亚特兰大也值得一去。那里可参观的景点数不胜数，比如可口可乐博物馆、CNN电台、世界最大的水族馆，等等。

绝景 06

冒纳罗亚火山

美国

是夏威夷诸岛火山中之一，海拔4205米。由于山顶气候稳定，空气清新，是世界上最适宜进行天文观测的地点之一。同时，普通的登山客也能充分享受登山的乐趣，被人们称为“离天堂最近的地方”。

绝景 07

巨魔的舌头

挪威

这是位于挪威南部奥达市的一块巨石。高约1000米，形状就像伸出来的舌头一样。因与电影“哈利波特”中出现的巨魔妖怪的舌头特别像而被称为“巨魔的舌头”。岩石依然特别地薄，感觉轻轻一折就会断裂。在这个地方拍摄的短片，在Youtube上都特别受欢迎。

想躺在山顶上数流星

景点去程

从科纳国际机场出发，乘坐19号线向北走，在第二个红绿灯处右转（虽说是第二个红绿灯，但也要将近40分钟的车程），右转之后，直行到尽头再左转，等行驶看到“马鞍路”标志的时候再向右拐，大约30分钟的车程之后，左边就会出现弯弯曲曲的道路，在那个路口向左拐（这时海拔已经是2000米了）之后就只有一条通往山顶的道路了。

途中，在海拔2800米处有个叫“鬼家访客中心”的资料馆。在这之后的道路都是没有经过修理的泥巴沙路，如果不是四轮驱动车的话，很难爬上去。虽说一个人也可以登上去，但是租车是没有保险的，所以建议大家组团去。

山中的景色和日本完全不同。

真棒，金阳守先生

我是去年去的，第一次看到纯天然的河流对于自小就在东京长大的我来说是非常棒的。虽然日本的游客不太会做这样的事情，可是稍微偏离去山顶的大道，走点小路的话更能领略360度无死角的自然美景。

行程 SUPERB TOUR PLAN

第一天	北京首都国际机场—火奴鲁鲁换乘—夏威夷岛—冒纳罗亚火山山顶观星—夏威夷
第二天	自由行动
第三天	夏威夷岛—火奴鲁鲁换乘
第四天	到达北京首都国际机场

可以充分享受南国的异域风情。

推荐旅行季节

夏季

建议大家夏天去。夏天的时候，夏威夷正处于干季，空气澄澈，晴天多，能看见星星的概率比较大。并且，冬天由于下雪，道路会结冰，一个人去特别危险。

旅行预算

大约**1**万人民币

包括飞机票，当地接送，住宿，早饭，组团旅行费用，燃油费。

旅游须知

就算是终年湿热的夏威夷群岛，山顶附近也特别地冷，所以大家一定要带保暖衣物。如果是组团旅行的话，有出租保暖夹克、羊毛毯等物品的地方，可以不用携带这些东西，轻松出行。由于登山的时候，脚下不太能看清，十分危险，所以建议大家穿运动鞋。同时为防止高山病，大家在身体准备好之后再登山，同时还要确保水分的摄取。

也想来这里看看

虽然不是什么有名的景点，在去冒纳罗亚火山中途的“鬼家访客中心”开始通往山顶道路两旁的景色也特别地美丽。一边是广阔的熔岩平原，一边是高耸着的冒纳罗亚火山。

同时，第二天的话，建议大家去看看夏威夷国家火山公园。基拉韦厄活火山还是世界遗产之一哦。步行于公园之中，你可以切实感受到来自大地的能量。

之后还可以去由破碎的岩浆石形成的黑沙海岸。

在黑沙海岸也许能和海龟有个浪漫的邂逅哦。

处于人生悬崖边缘的人可以来此转换心情

景点去程

“巨魔的舌头”所在地奥达距离卑尔根机场大约85千米，3个小时左右的车程。夏天的话，一般人都会参加奥达旅游协会举办的从奥达到“巨魔的舌头”的远足旅行。在导游的陪同下，远足旅行需要8到10个小时，参加者必须具备专业的登山装备和丰富的登山经验。

和挪威绝美的自然亲密接触。

photo by ©geezaweezer

photo by ©rhysdjones

卑尔根特别受欢迎的彩色港口街道。

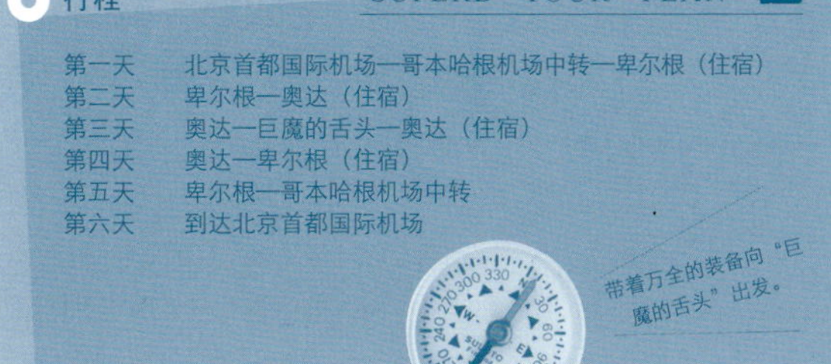

行程

SUPERB TOUR PLAN

第一天	北京首都国际机场—哥本哈根机场中转—卑尔根（住宿）
第二天	卑尔根—奥达（住宿）
第三天	奥达—巨魔的舌头—奥达（住宿）
第四天	奥达—卑尔根（住宿）
第五天	卑尔根—哥本哈根机场中转
第六天	到达北京首都国际机场

带着万全的装备向“巨魔的舌头”出发。

推荐旅行季节

6月到9月

6月到9月是当地可以充分享受观光的季节。由于阴雨天气较多，所以要准备轻便的雨具。由于气候和海拔的原因，当地云层较厚，有时候还能看到像棉花糖一样不可思议的云彩。

旅行预算

大约2.5万人民币

包含飞机票，住宿，旅游团费。

旅游须知

必须准备应对紧急情况的工具。这次旅行并不是普通意义上的远足旅行，需要游客从心理和身体上做好登山的准备。此外，此次旅行对体力要求比较高，如果想去的话，现在就开始你的旅程吧。

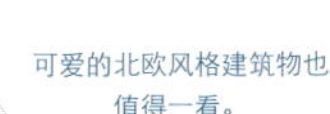

可爱的北欧风格建筑物也值得一看。

也想来这里看看

如果时间充足的话（超过10天的旅行计划），建议大家去松达尔看看，那里可是大自然美景的宝库哦。在那里你可以体验行走在常年结冰的约斯特谷冰川等活动。在那里你可以领略到别的地方所没有的冰川情趣。

绝景 08

达尔瓦札 地狱之门

土库曼斯坦

位于中东土库曼斯坦的一个小村庄里。它是一个持续燃烧40多年的巨大洞窟。据说，洞窟里埋有丰富的天然气资源，而其具体数量和洞窟的面积至今无法判断，所以无法将火熄灭。当地的居民称之为“地狱之门”。

绝景 09

025 大蓝洞

伯利兹

大蓝洞位于北美洲伯利兹。所谓的大蓝洞其实指的是洞窟或是钟乳石地形沉入海水中，形成张开嘴一样的独特的地形风貌。直径约305米，深123米，如果获得了许可证是可以潜水游下去的。

靠近这个洞窟的话，就会被火神吞噬

景点去程

首先要到达土库曼斯坦首都阿什哈巴德。从中国出发的话，最好是在乌鲁木齐中转直达阿什哈巴德，大约需要13个小时。到达时是晚上11点多，建议可以在阿什哈巴德休息一晚，待到第二天在阿什哈巴德市区乘坐出租车就可以到达达尔瓦扎村。达尔瓦扎村的主干道上服务区都比较少，虽然生长着不少的草类，可是东北部都是延绵不绝的沙漠。晚上，洞窟的所在地有耀眼的火光，朝着火光的方向走就可以了。这次旅行，不需要特别的装备，但是由于洞窟的火是直接裸露在外燃烧的，希望大家沉着观看。

虽然有洞窟的火光照明，可是大家不能忘记携带手电筒哦。

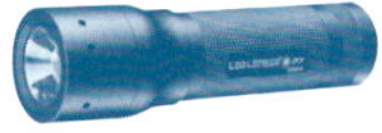

土库曼斯坦几乎是沙漠王国。

行程　SUPERB TOUR PLAN

第一天	北京首都国际机场—乌鲁木齐中转—阿什哈巴德（住宿）
第二天	阿什哈巴德—达尔瓦札（住宿）
第三天	达尔瓦札—阿什哈巴德观光—阿什哈巴德机场
第四天	阿什哈巴德—伊斯坦布尔（住宿）
第五天	伊斯坦布尔
第六天	到达北京首都国际机场

推荐旅行季节

夏季

由于处于中亚的内陆地带，冬天最好不要过去。就算是8月盛夏的时候，由于地处沙漠地带，晚上还是相当冷的。此外夏天的时候，晴天比较多，夜晚可以和火光一起观测星空。

旅行预算

大约**1.2**万人民币

包括飞机票，燃油费，出入境税收。

旅游须知

火窟所处的地方虽说是沙漠地带，可是上面还是有不少坚硬的杂草，所以建议大家不要穿凉鞋。沙漠里没有任何的灯光，仅仅依靠火窟的光亮，所以手电筒是必须携带的。此外就算是火窟附近的温度也不是很高，希望大家穿稍微厚一点的衣物。顺便提醒一下，由于土库曼斯坦的总统曾说过：“在不久之后，将会熄灭火窟。”到底什么时候熄灭还是个未知数，想去的游客越早去越好。

也想来这里看看

大家在文明的十字路口——土耳其的伊斯坦布尔中转的时候，如果日程和预算允许的话，建议大家在伊斯坦布尔逗留一天。在夏季的伊斯坦布尔，就算你只是在博斯普鲁斯海峡转转，心情也会非常好。

顺便说一下著名的加拉塔大桥附近的伯爵酒店的住宿费是每晚500元人民币。

顺便看看伊斯坦布尔的景观！

当地人称它为海怪的睡床

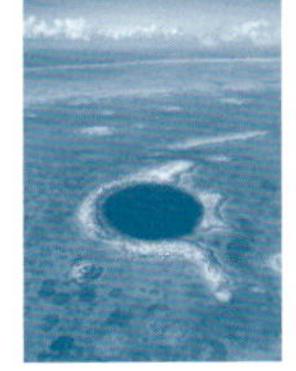

一起去拥有美丽的海洋和珊瑚礁的国度——伯利兹吧！

景点去程

首先要来到伯利兹的大门——伯利兹市机场。从中国需要在美国达拉斯进行中转，总航程大约需要15个小时。到达伯利兹市之后，那里有直接去往大蓝洞所在地圣佩德罗的短途航班，差不多需要15分钟就能到达。

真棒！中村真二先生

在伯利兹市海边，我曾在自家靠海的房子里住过一段时间。也曾潜至大蓝洞的43米深处，这已经是我的极限了。我在水底的最长停留时间达到了8分钟。伯利兹是一个到处都可以旅游参观、文化丰富的国家。同时还有许多至今未被开放成旅游景点的玛雅遗迹。在这里我体验了许多之前都未体验过的事情。以后，我还会再来的。

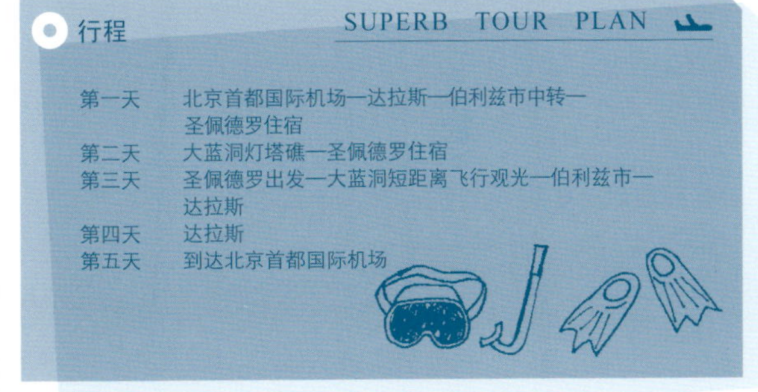

行程

SUPERB TOUR PLAN

第一天	北京首都国际机场—达拉斯—伯利兹市中转—圣佩德罗住宿
第二天	大蓝洞灯塔礁—圣佩德罗住宿
第三天	圣佩德罗出发—大蓝洞短距离飞行观光—伯利兹市—达拉斯
第四天	达拉斯
第五天	到达北京首都国际机场

推荐旅行季节

5月到10月

当地11月到 4月处于干季，5月到10月处于雨季。雨季的时候，虽然不会出现一整天都下雨的情况，可是6月到9月比较容易出现飓风天气，在旅行的时候，要尽量避免飓风天气时的外出。由于傍晚时经常会下雨，所以建议大家参加上午的旅行，那时空气相对来说也比较清新。

旅行预算

大约 3.3 万人民币

包括飞机票，小型飞机的飞机票，水上出租车，住宿，大蓝洞灯塔礁一日游（包含浮潜和早饭），大蓝洞短距离飞行观光，燃油费。

旅游须知

中国和伯利兹没有建交，但是有美国签证就可以落地签伯利兹，花费50美元，这样一来可以从中国飞美国转机去伯利兹。美国签证费是160美元，共210美元。在大蓝洞潜水是一件非常享受的事情，如果你拥有跳水许可证的话，会玩得更加尽兴。如果进行短距离飞机游览的话，上午10点到11点据说是可视度最高、最晴朗的时候，建议大家那时候去参加旅行。

也想来这里看看

好不容易来到大蓝洞，除了一般的路线之外，还要向大家推荐库尔克岛一日游。“库”就是沙洲的意思，“尔克”就是小岛的意思。从伯利兹市坐船大约45分钟路程，据说库尔克岛是伯利兹最美的小岛。在这充满自然之美的小岛上，大家可以充分享受到跳水和浮潜运动的乐趣。

此外，也建议大家去参观一下阿尔顿哈古代玛雅文化遗址。距离伯利兹市约1个小时的车程。如果大家喜欢大海的话，还可以体验环岛游等旅游项目。

充分享受来自加勒比的宝石吧！

绝景 10

枫林大道

加拿大

位于加拿大的东部，从尼亚加拉一直延伸到魁北克，全长约800千米。道路两旁种植着大量的枫树，一到秋天，枫叶红似火，特别美丽。据说枫林大道这个名字还是日本人起的。

想开着敞篷车在这里兜风

（※坐在副驾驶席上）

景点去程

想要去枫林大道的话，首先要从中国飞到纽约机场，在那里进行中转之后飞到蒙特利尔市。到达蒙特利尔市，约1个小时的车程之后，就会到达枫林大道的所在地——劳伦森高原。如果时间宽裕的话，建议大家体验一下横穿大陆的VIA铁路，从多伦多坐火车到蒙特利尔，就算是普通座位也能悠闲地享受旅行的乐趣。

真棒！小岛沙由美小姐

我是一个人去旅行的。到处都是枫叶的世界，太美了。

从VIA火车的车窗往外看，可以体验景色的变化——由都市景色渐渐转变成乡村田园景色。

3月末到4月份的时候，可以看到用细管收集枫树的浆汁，之后将浆汁做成甜甜的牛奶糖的过程。

行程　SUPERB TOUR PLAN

第一天	北京首都国际机场—纽约中转—蒙特利尔（住宿）
第二天	蒙特利尔—劳伦森高原观光—蒙特朗布朗住宿
第三天	蒙特朗布朗—蒙特利尔（住宿）
第四天	蒙特利尔观光—纽约中转
第五天	到达北京首都国际机场

推荐旅行季节

9月到10月

从9月的第三周开始到10月的第二周左右，是枫树怒放的季节。9月底到10月初这段时间，是枫叶颜色最火红的时候。如果时间允许，能去尼亚加拉旅游的话，建议大家在10月的第二周之后去尼亚加拉观赏枫叶，继续自己的枫叶之旅。

旅行预算

大约1.7万人民币

其中包括飞机票，接送，住宿（两个人住一起时，只收一个人的钱），午饭2顿，晚餐1顿，劳伦森高原观光，蒙特利尔观光（包含午饭），法国风情展，夜晚旅行。

旅游须知

劳伦森高原的入口处是加拿大第二大城市蒙特利尔市和世界遗产——魁北克市，它们都是古代与现代充分融合的城市。道路大多数都是青石板铺成的。建议大家携带方便行走的运动鞋。此外，虽说是秋天，可还是要做好防紫外线措施，大家一定要带着自己的帽子和太阳镜哦。

也想来这里看看

既然来到了加拿大，建议大家去世界遗产——魁北克市看看。当你进入配有大炮的城堡之后，你会有一种时光倒流的感觉。在这里你不仅可以看到美丽的洋服和鞋子，还可以让你体验到一种行走在历史长廊中的感觉，与过去的历史进行亲密的对话。在这里，你的一颗旅游心可以得到充分满足。

蒙特利尔也是一座充满历史感的城市。

我去过的
世界绝景

2

乌鲁鲁

文：诗步

大四毕业旅行的时候，我选择了横穿澳大利亚大陆和东南亚七国之旅。

我们大家都把这次的澳大利亚之旅当成一次普通的毕业旅行。

即使是从计划旅行到从成田机场出发为止，大家都觉得这是一次稀松平常的旅行，根本没有想到这次旅行会变得那么地独一无二。

澳大利亚之旅是一次露营车之旅。我们一行5个人计划租一辆露营车，一天行驶1000千米，边行走边参观旅游景点。

其中，不得不提的要数乌鲁鲁的世界遗产之旅。

为了看日出，我们的露营车到达日出观看景点的时候才早上6点钟。

被浓浓的黑暗包围着的乌鲁鲁，随着太阳的升起，渐渐改变颜色。起初是茶褐色，渐渐变成橙黄色，最后一跃成通红色。这种感觉就像是在看生物蜕变的过程似的，不可思议，十分震撼人心。

随着日出太阳上升，就像生物一样变化表情的乌鲁鲁

在露营车里面制作澳大利亚的牛排，到这个时候为止我们还在比较开心的旅程中

这时还只是我们开始旅行的第四天，还没有到达本次旅行的高潮点。

2013年3月5日早上7点左右，正在朋友驾驶的露营车上睡觉的我，耳边传来“嘎，嘎，嘎”的响声，车厢也随之震动。当我惊吓地睁开眼睛的瞬间，世界开始天旋地转了。

伴随着恐惧和疼痛感，翻转停止了。

睁开眼睛，从缝隙中能看到远处蓝蓝的天空，白白的云。

原来是发生交通事故了。

我们乘坐的大型露营车在空中翻滚了2圈半，落地的时候已经裂成了两半。

发生交通事故的地点是在一个1小时都没有几辆车经过的道路。

我们几个人运气比较好，为当地居民所救，送到了最近的医院进行救治。

其中，我是受伤最严重的一个，包括破裂的左耳在内，我一共做了3次手术。

不幸中的万幸是除了我之外，其余4个人都没怎么受伤，只有我一个人住院观察，度过了3月5日这漫长的一天。

第二天出院的时候，才知道我们这次交通事故被当地报纸大幅登载，广播也进行了相关的报道。

之后，订了去成田机场的机票，第二天就匆忙回国了。

我没有看到梦想中的大堡礁，也没有完成东南亚七国游，大学最后的三个月几乎都是在去医院和回家的路途中度过的。

虽然现在这件事情对我和朋友们来说是一段非常珍贵的记忆，可它真是一场不无遗憾的毕业旅行呀。

左侧第一幅图是随着日出，就像生物蜕变一样变化的乌鲁鲁。

左侧第二幅图是我们在露营车里面制作澳大利亚牛排。到这个时候为止我们还在比较开心的旅程中。

绝景 11

托莱多

西班牙

托莱多是位于西班牙中部的古城。整个城市街道都申请成为了世界遗产，景色美不胜收，因而被人们称为“街道博物馆”。城市中心的托莱多大教堂作为西班牙天主教的总教堂成为市民们信仰的神圣之地。

绝景 12

信号山

南非

在这里，你可以将南非的第二大城市开普敦一览无余。建议大家在傍晚的时候开始登山，登上山顶的时候，就可以看到绝美的夜景了。10月下旬到11月上旬这短短的时间内，你可以欣赏到绝美的夜景和在黑夜中翩翩起舞的萤火虫。

躺在酒店里，看着托莱多的夜景

景点去程

托莱多位于马德里南部约70千米的位置。从马德里的阿托查火车站出发乘坐AVE高速列车的话大约需要30分钟（托莱多方向的大约2个小时一班车）。乘坐巴士的话，大约需要1个小时15分钟。中国有直达西班牙马德里的飞机。从北京首都国际机场出发，总航程需要12个小时。

真棒！宫崎时广先生

我是和妻子在蜜月旅行来这里的，当时我们俩还特别年轻，觉得托莱多真是个好地方。现在我又来到了托莱多，发现它几乎都没有什么变化，这次一定要好好感受托莱多的文化，将城市的历史重视起来。

真棒！齐木哲史先生

年轻的时候去过两次。至今依然记得圣多美教堂的格雷科的画。此外格雷科家的回廊也令人印象深刻。

真棒！永田柚子小姐

2012年9月份去的托莱多。有专门的瞭望台供游客们观看整个城市的风景，那种美我已经无法用语言表达了。

行程 SUPERB TOUR PLAN

第一天 北京首都国际机场—马德里（住宿）

第二天 马德里—乘坐高速火车AVE到达托莱多（住宿）

第三天 托莱多—乘坐高速火车AVE到达马德里—市内观光

第四天 马德里出发—北京首都国际机场

漫步在托莱多城中的小道上。

推荐旅行季节

夏季

西班牙四季分明，其夏季气候干爽，湿气较少，特别适合旅游。同时，西班牙的夏季雨水较少也是其特征之一。夏季的西班牙，白天时间特别长，一直到很晚都能看到各种美丽的景色。

旅行预算

大约**1.5**万人民币

包括飞机票，住宿，高速列车AVE车票费（二等座席，来回两次）（以7月下旬出发为例）。

旅游须知

托莱多的街道其实并不怎么大，差不多就是一个边长1000米左右的正方形。同时，街道里的小路特别发达，所以参观的时候，主要还是以步行为主。在丘陵地带建造的街道中，坡比较多，中间还掺杂着各种小道，建议大家准备好比较好走的运动鞋。此外，据说在托莱多有很多以游客为主要目标的扒手在活动，在参观的时候，大家要注意保管好自己的财物。

也想来这里看看

西班牙的特征之一是各个街道都是不同的。托莱多作为被埃尔•格列柯热爱的古都有其独特的韵味，同时也推荐大家去看看和托莱多截然不同的城市——巴塞罗那。在那里你能感受到另外一种艺术氛围。从马德里坐高速列车AVE的话，大约需要两个半小时的车程。巴塞罗那是地中海沿岸城市——西班牙国内最大的一个海港城市。以高迪所设计的圣家堂建筑为首，城市中到处矗立着见证过历史的建筑物。同时，城市里大大小小坐落着50多座美术馆和博物馆，包括毕加索、米罗美术馆，等等，可以称之为美术遗产的宝库。加泰罗尼亚文化是在巴塞罗那发展起来的，在这里你会沉醉于历史之中，流连忘返。

圣家堂还在建设之中。

一边观赏着百万克拉的夜景钻石，一边看着翩翩起舞的萤火虫

景点去程

信号山位于南非共和国西南端的一个港口城市——开普敦的西边。从约翰内斯堡开车去大约需要12个小时，乘飞机只要2个小时就可以了。如果是从开普敦市内去信号山，坐出租车就可以过去，但是安全起见，晚上的时候，大家还是集体行动比较安全，千万不要单独或零星的几个人一起出去。

真棒！北村弥生先生

我是过年的时候去的。夕阳西下的时候，特别地美丽。许多人随着落日从信号山上乘降落伞飘然而下，此时的降落伞也成为一道亮丽的风景。

真棒！今井博之先生

顺便说一下，右侧的山顶就像一张桌子平坦地铺在那里，因而被人们称为“桌山”，夏天的时候，桌山葱葱郁郁，和夜景交相辉映。

作为连接欧洲和印度的港口城市而出名。

行程

SUPERB TOUR PLAN

第一天	北京首都国际机场—迪拜中转
第二天	开普敦住宿
第三天	开普敦半岛观光—开普敦住宿
第四天	开普敦观光—开普敦—迪拜中转
第五天	到达北京首都国际机场

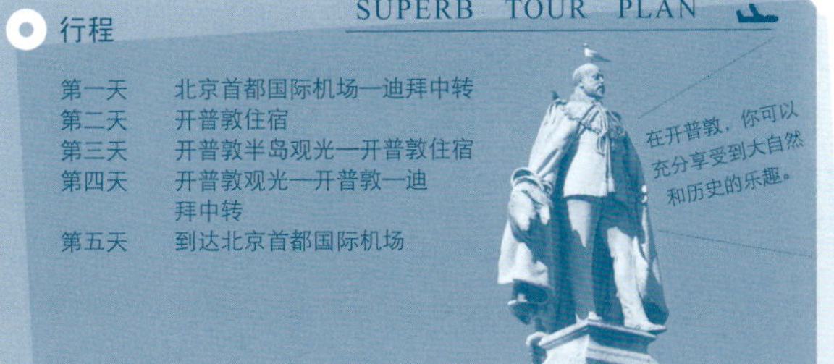

在开普敦，你可以充分享受到大自然和历史的乐趣。

推荐旅行季节

夏季

建议大家在当地的夏季过去。开普敦是地中海气候，常年温暖。特别是其夏季，是当地一年当中最好的季节。此外，推荐大家趁白天的时候去信号山等郊外地区看看。

旅行预算

大约1.2万人民币

包括飞机票，燃油费，出入境税。

旅游须知

说到非洲，首先映入人脑海的就是炎热。可是南非的昼夜温差其实是相当大的。由于在南半球，它的季节和中国几乎是完全相反的。此外，由于早晚比较冷，建议大家带上长袖衫、披肩等保暖衣物。同时，开普顿的治安总体来说算是比较好的，可是夜晚的时候，建议大家不要单独外出，以免发生危险，外出时，一定要和同伴一起，还有外出的时候要注意防盗。

也想来这里看看

去开普敦的时候，如果时间允许，建议大家去看看好望角。横跨大西洋和印度洋的好望角自然资源丰富，景色变化多端。在其附近，还可以观测到鲸鱼、企鹅等稀有动物，是南非最有人气的观光地之一。

海豹、企鹅、鸵鸟悠闲地散着步。

绝景 13

科托尔港口

黑山

位于巴尔干半岛，黑山西南部的一个港口。面临着亚德里亚海，周围全是海拔约2000米的群山。从以前开始，港口的居民在生活中就十分注意保护周围的环境，所以该港口有时被人们称为“世界第一美港口”。同时包括科托尔港口在内的整个科托尔街道都被认定为世界遗产。

绝景 14

哈尔施塔特

奥地利

位于奥地利中部的景观地——萨尔茨卡默古特的一个小自治区。湖畔是鳞次栉比的教堂和房屋，被人们称为“世界最美的湖滨城市”之一，是电影《音乐之声》的拍摄地，属于世界遗产之一。

想彻底地环绕港口一圈

景点去程

到目前为止，没有从中国直飞黑山共和国的航班，因此至少要在途中的一个城市进行中转，才能从中国到达黑山共和国。

你可以选择从中国直飞到维也纳、法兰克福、伦敦、罗马、莫斯科、苏黎世等地的航班，飞到这些地方当中的任何一个地点，在当地进行中转，就能到达黑山共和国。但是有一点需要大家注意，就是不管飞到哪个国家进行中转，都不能当天到达，必须在当地住宿一晚。值得一提的是，夏季的时候，从欧洲各地都有直飞科托尔港口附近蒂瓦特机场的航班。

真棒！塔丽安小姐
这张照片是耸立在城市后面高山的照片。虽然山离城市有点远，可是从山上往下看的风景确实是相当不错的。

真棒！田原静治小姐
在城市的古董店里，为究竟要不要买歌剧眼镜，纠结了好久，最终还是没有买。当时要是买了该多好呀。对于这件事我现在都无法忘怀，可是在这里的旅行真是非常地棒，个人感觉比杜布罗夫尼克要好。

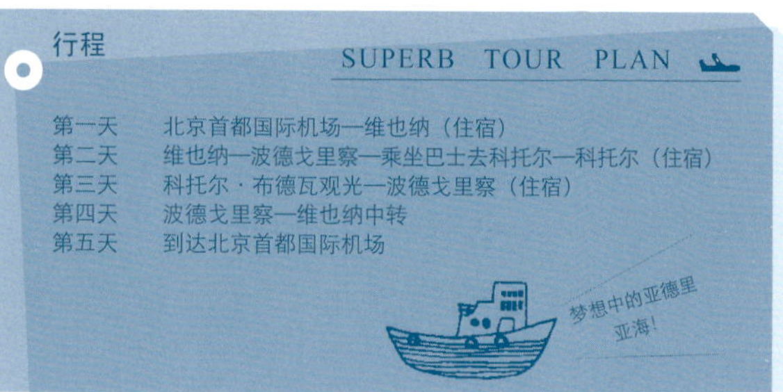

推荐旅行季节

4月到10月

由于黑山共和国属于地中海气候，夏季温暖，降雨量少，冬季降雨量多。所以建议大家在4月到10月这期间过去旅行。特别是在7、8月有很多来自欧洲的游客去那里观光旅行。

旅行预算

大约1.3万人民币

包括飞机票，出入境税，住宿，巴士交通费（以8月份出发为例）。

黑山的红酒也特别好喝！

旅游须知

夏天晚上的时候，山里面还是相当冷的，所以要准备长袖衬衫，做好保暖措施。此外，夏季的时候，由于亚德里亚海岸游客数量的增加，与此相对，偷盗事件的发生频率也逐渐增加，大家在旅行中要注意保管好自己的随身物品。比如不要将行李随便放在座位上，自己就离开了，特别需要注意的是要保管好自己的护照。

也想来这里看看

被称为黑山的“里维埃拉”——布德瓦是一个度假胜地。从科托尔港口出发，坐巴士的话，大约40分钟的车程。如果时间充裕的话，建议大家也来这里看看。

布德瓦是黑山屈指可数的度假胜地之一，连绵600米左右的斯拉夫海滩是不可多得的美景。同时，海滩不远处就是被古城墙环绕的旧街道，里面依然飘浮着属于中世纪的气息。整个城市自身就像是超越时间和空间的绝美艺术品一样。

科托尔港口附近的建筑房顶颜色都是一致的。

想边哼着歌，边在湖畔散散步

景点去程

从中国去奥地利的萨尔茨堡的话，必须要在欧洲进行中转，大约需要15个小时。到达萨尔茨堡之后，转坐火车，从萨尔茨堡站出发，到达哈尔施塔特站差不多需要2小时15分钟的车程。

萨尔茨堡的旧街道也是世界遗产之一。

真棒！神谷理惠小姐
2012年9月去的，特别地漂亮。大家一定要看看那边的朝霞呀，美不胜收。

真棒！绿小姐
我是在夏季快结束的时候去的。从萨尔茨堡站坐火车去的途中，看到的景色也特别美丽。建筑可爱，鲜花怒放，就像是梦境一般。位于山上的盐博物馆就像是在拍电影似的特别有趣。

行程

SUPERB TOUR PLAN

第一天	北京首都国际机场—欧洲中转—萨尔茨堡（住宿）
第二天	萨尔茨堡—坐火车去哈尔施塔特
第三天	哈尔施塔特—坐火车去萨尔茨堡—市内观光—萨尔茨堡（住宿）
第四天	萨尔茨堡—欧洲中转
第五天	到达北京首都国际机场

莫扎特在等着你哦！

推荐旅行季节

夏季

在6月到9月夏季的时候，你可以悠闲地享受美景。冬天的哈尔施塔特游客较少，盐坑也进入了冬眠期。所以大家要注意巴士和船的运行次数的变化。冬天的时候，滑雪爱好者的数量要比游客的数量多很多。

旅行预算

大约**4.4**万人民币

包括飞机票，巴士（往返），火车（往返），住宿（以9月出发为例）。

旅游须知

由于地处深山，即便是夏天，夜晚的时候温度还是比较低。大家一定要随着温度的变化增减衣物。

也想来这里看看

哈尔施塔特所在的萨尔茨卡默古特区是一个拥有76个湖泊的风光秀丽的地区，如果时间允许的话，大家也可以去其他街道看看。

其中位于沃尔夫冈湖畔的圣沃尔夫冈镇虽然是个小镇，可是因著名爱情歌剧《在白马亭》而闻名的白马亭酒店就位于此。在其身后，一边是美丽的花海，另一边耸立着陡峭的沙夫山。在这里你可以乘坐在电影《音乐之声》中曾经出现过的登山小火车，登到山顶，欣赏风景。

在观赏盐坑的过程中可以俯视整个湖边街景。

绝景 15

圣灵岛

加拿大

位于加拿大的西南部，马林湖内漂浮的群岛。蓝宝石般的马林湖、高大雄伟的落基山脉更加衬托出坐落于其中的圣灵岛的神秘。自古以来，印第安人就有一个关于圣灵岛的传说，圣灵岛这个名字也来源于该传说。它是加拿大象征性的风景之一。

绝景 16

云海观景台

日本

位于日本北海道的中部，星野度假村内的观景台。该观景台只在夏季的时候对游客开放。清晨的时候，你除了可以欣赏到洁白的云朵之外，还可以看到俊秀的日高、十胜等山峰。另外，你还可以体验边观看云海边锻炼或是做瑜伽。如果你9月中旬来这里，还能在贡多拉游览船上看日出。

绿意盎然的观光场所，想与动物母子邂逅

景点去程

首先，我们需要到达的地方是加拿大艾伯塔省的大门——埃德蒙顿市。虽然从中国没有直飞到该地的航班，可是乘坐国航或者加拿大航班，只要在温哥华机场中转一次就可以到达。从埃德蒙顿市到马林湖附近的贾斯珀市乘坐火车的话，大约需要五个半小时。坐汽车或是自驾的话，大约需要5个小时。贾斯珀市到马林湖坐车差不多要1个小时。在马林湖上坐着巡航船，向着圣灵岛出发，大约一个半小时之后就能到达。虽然无法实际登陆到圣灵岛上，但是可以在近处的瞭望台上观赏圣灵岛。

真棒！石黑友芳留先生
我曾去过这地方。我和妻子度蜜月的时候，来到加拿大，没有预订酒店，直接租了一辆车，行驶了2000千米来到这个地方。那真是个漂亮的地方，以至于我和妻子在贾斯珀连续住了两晚。

在充满魅力的景点放松身心吧。

真棒！　鹿鸠洁花小姐
我去过那里啦。湖水的颜色真的是不可思议哦。

行程

SUPERB　TOUR　PLAN

第一天	北京首都国际机场—温哥华中转—埃德蒙顿—租车去贾斯珀—贾斯珀住宿
第二天	贾斯珀—租车去马林湖（圣灵岛）—哥伦比亚大冰原—路易斯湖（住宿）
第三天	路易斯湖—租车去班夫—班夫（住宿）
第四天	班夫—租车去卡尔加里—温哥华（住宿）
第五天	温哥华
第六天	到达北京首都国际机场

推荐旅行季节

夏季

建议大家在6月到9月夏季的时候过去旅游。处于高纬度地区的加拿大，冬天的时候，温度特别低，一般都在零下10摄氏度到零下30摄氏度左右。雪地车项目活动一般都是在4月或10月期间举行的，所以要提前确认一下。

旅行预算

大约**3.8**万人民币

包括飞机票，出入境税，机场建设费，住宿费，燃油费。

旅游须知

由于当地昼夜温差较大，大家必须携带披肩等保暖衣物过去。就算是在盛夏也不能忘记做好防寒措施。同时，当地的天气比较容易变化，所以建议大家带防水的夹克衫。此外，不要忘记携带一些基本的用品，如比较好走的鞋子等。如果你准备了太阳眼镜、帽子、防晒霜之类的东西就更好了。在室内会用到空调，大家要做好防干燥准备。

连接贾斯珀和班夫的93国道又被人们称为“冰原大道”，在这条路上，你可以看到许多美丽的湖泊和壮观的冰川。在沿着加拿大落基山脉而建的这条道路上兜风的话，一定可以看到加拿大无比美丽的自然景观。回去的旅途中强烈建议大家去世界上最适宜居住的城市温哥华看看。在格兰维尔岛吃着纯天然绿色食品、喝着原产啤酒该是多么惬意的一件事情呀。

如果有人想用湖水或冰川水来煮咖啡的话，记着要带壶哦。

坐上始发的贡多拉游览船，去看云海的日出吧！

一片向日葵的海洋。

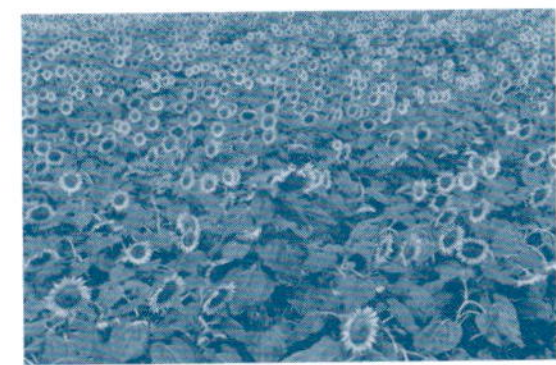

位于美瑛的亚斗梦之丘的向日葵地特别地美丽。

真棒！Ta!sixun（网名）
我已经去过3次了。景色真的是超级棒！

景点去程

从北京出发可以在名古屋或者釜山转机到达北海道的新千岁机场或者札幌机场。从新千岁机场去的话，坐车大约需要60分钟，从札幌机场出发坐车到达景点大约需要100分钟。

乘坐电车去，从新千岁机场出发，在千岁线南千岁站换乘早石胜线（特快）在苫鹉下车（最短需要59分钟），这时会有免费巴士来接送游客，坐上巴士后，大约10分钟之后就能到达景点。

行程

SUPERB TOUR PLAN

第一天 北京首都国际机场—新千岁机场—夕张观光—星野度假村（住宿）

第二天 云海观景台—美瑛观光—富良野观光—星野度假村（住宿）

第三天 星野度假村—北方马公园（马类主题公园）—新千岁机场—上海虹桥

真棒！匿名
我在水上教堂举行了结婚典礼，第二天就去看了云海。登上山顶之后，我发现周围简直是另外一个世界，都是云的海洋。这绝对是我一有时间就会来的地点之一。

推荐旅行季节

夏季

7、8月份是最好的旅游季节。凉爽的气候会让你身心愉悦。在这个季节的苫鹉周边，7月的时候，可以游览富良野的薰衣草花地，8月可以享受美瑛的向日葵之旅。

旅行预算

大约**1**万人民币

包括飞机票，住宿，3天的租车费用（使用ANA，7、8月出发的情况）。

旅游须知

虽说是盛夏，由于云海观景台位于海拔1088米的高山之上，所以气温还是有点低的。建议大家提前准备些披肩，或是长袖衫等衣服，做好保暖措施。如果再配备一副眼镜的话，就再好不过了。在这里，你可以欣赏到大自然的各种风光，比如成群的飞鸟和远处的景色。

也想来这里看看

如果时间允许，能在当地再逗留一天的话，建议大家去新雪谷看看，它是被称为“度假三昧”中的其中之一，是世界上为数不多的高原避暑度假地。在去新雪谷的途中，你完全可以欣赏到美丽绝伦的风景。在羊蹄山脚的森林中，你可以体验到泛舟湖上或是骑马信游的乐趣。这也是北海道四乐趣之一。

羊蹄山洗涤心灵之美。

有许多可以边欣赏羊蹄山之美边享受美味食物的餐厅。

绝景 17

神灵瀑布

冰岛

位于冰岛北部壮观的瀑布。神灵瀑布就是神的瀑布的意思。据说冰岛的居民在舍去自古以来信仰的神，改信基督教的时候，会将以前信仰的神灵丢弃于该瀑布之中。同时，随着你观看角度的不同，瀑布的风景也会发生变化，真是美丽极了。

绝景 18

新喀里多尼亚

法国海外领地新喀里多尼亚岛

漂浮于澳大利亚东南部的法国度假旅游胜地。由于在森村桂的著作《离天堂最近的岛屿》中出现过，所以日本人称之为“天堂之岛”。白茫茫的沙滩和一望无际的大海相互映衬，犹如天堂一般。

在古神们长眠的地方，可以感受到神秘的力量

景点去程

到达冰岛雷克雅未克的凯夫拉维克国际机场之后，要立即前往位于雷克雅未克郊外的冰岛国内航班机场。在国内航班机场乘坐航班，约40分钟之后，就会到达位于冰岛北部的阿克雷里村。从阿克雷里村出发，沿着1号国道开车约30分钟之后就到达神灵瀑布了。

真棒！真知子小姐
我去过了。在巨大的水流撞击声中，你可以在听着自己心灵之声的同时，闭上眼睛发挥你的想象之翼，翱翔于天际。

真棒！坂本佳隆小姐
2012年9月过去的，在震撼力和美感上和日本的瀑布是完全不一样的，太美了。

雷克雅未克是地暖供热的城市。

行程

SUPERB TOUR PLAN

第一天　北京首都国际机场—哥本哈根中转—雷克雅未克（住宿）
第二天—第三天　自由行动　雷克雅未克（住宿）
第四天　乘坐国内航班到冰岛北部观光（神灵瀑布）—雷克雅未克（住宿）
第五天　雷克雅未克机场—哥本哈根中转
第六天　到达北京首都国际机场

推荐旅行季节

夏季

冰岛是火山之国。7、8月份的时候，冰川融化，清水流进黑色的火山岩浆石里，与岩浆石交相辉映。由于瀑布周边没有防护栅栏，所以夏天去比较安全，因为脚下需要防滑。5、6月份的时候，冰雪刚刚融化，水还比较浑浊，冬天除了白白的瀑布之外没有其他可供观赏的景色。

旅行预算

大约**1.7**万人民币

飞机票，当地往返巴士，住宿，早饭，蓝湖沐浴（一次），黄金圈旅游一次，冰岛北部观光一次，燃油费。

旅游须知

对于个人来说，这条旅游线路是不容易实现的，所以建议大家参加冰岛北部的观光组团游。这次旅行包括乘坐雷克雅未克起飞的国内航班。虽然在机场也有可以租车的地方，可是数量不多，且道路基本处于天然状态，几乎没有任何的防护栅栏，不建议刚来的大家租车自由行。

推荐大家夏天过来。

也想来这里看看

好不容易来到冰岛，建议大家去蓝湖沐浴（第113页）或是去冰岛南部的黄金圈看看。

在黄金圈里也有许多美丽的瀑布。

建议大家夏天过来，我们在这里等着你哦。

气势磅礴的居德瀑布等地方都是非常神秘的。

真想去天堂问一问，到底它是不是最近的

乌韦阿岛美丽的教堂。

景点去程

虽说新喀里多尼亚是离天堂最近的岛屿，但是严格来说其实并非如此。事实上，在森村桂的《离天堂最近的岛屿》出场的并不是新喀里多尼亚本岛，而是其离岛——乌韦阿岛。到达国际机场之后，你可以首先在新喀里多尼亚的努美阿休息一天。第二天乘坐国内航班，约35分钟的行程之后就能到达乌韦阿岛。

真棒！矢原信一郎先生

我曾在新喀里多尼亚的乌韦阿岛上住过一段时间。大海、星空真的是非常漂亮。

离天堂最近的岛屿，乘坐国内航班一下子就到了。

行程

SUPERB TOUR PLAN

第一天	北京首都国际机场—悉尼中转—努美阿（住宿）
第二天	乘坐国内航班到达乌韦阿岛（住宿）
第三天	乌韦阿岛（住宿）
第四天	乘坐国内航班到达努美阿(住宿)
第五天	努美阿观光
第六天	到达北京首都国际机场

推荐旅行季节

10月到4月

由于其地处南半球，和中国季节是完全相反的。10月到4月是它的夏季，那时鲜花盛开，日照时间也相对较长，海水碧绿清澈。虽然它的阳光比中国夏季的阳光要强烈点，可是一到海边游泳时就会感到无比凉爽。

旅行预算

大约1.45万人民币

包括住宿，接送，飞机票，国内机票，燃油费，早饭（4顿）同时根据时间会有打折活动。

旅游须知

据说当地的日晒是中国的20倍左右。所以大家一定要带着防晒霜和太阳镜。还有，不要忘记带相机和泳衣哦。此外，大家最好再带上遮挡太阳的披肩和铺在沙滩上的沙滩布。如果忘记带的话，在当地也可以购买，价格在50到100元左右。

也想来这里看看

乌韦阿岛地面上有一个称之为“青洞窟”的洞穴。其底部是与大海相连接的。在那里生活着许多鱼类，建议大家去看看。世界遗产松树岛和在新婚夫妇之中特别受欢迎的拥有水上新房的结婚岛也值得一看。

松树岛的景色能给人以无穷的力量。

绝景 19

兰佩杜萨岛

意大利

第1位

漂浮在地中海之上的小度假岛。由于海水的透明度极高，人们说在上面行走的小船就像在空中行驶一样。这个地方真是太棒了，因而排名总是稳居第一位，这绝对称得上是有生之年不能错过的世界绝景。

Facebook（脸谱网）上56万人推荐的有生之年不可不去的世界绝景排行榜

（2013年7月12日的调查）

第1位 278,707

278707人点赞 兰佩杜萨岛

（意大利）→p048

海水的透明度极高，照片中行驶的船就像在空中飞行一样，极具视觉冲击力。大约有28万人点赞，是从去年开始一直稳居排行榜第一位的美景。

第二名 206，049 瓦度岛（马尔代夫）

第三名 124，077 角岛（日本）-p131

第四名 95，757 冒纳罗亚火山（美国）-p20

第五名 87，927 名花之乡（日本）-p85

第六名 82，700 枫林大道（加拿大）-p28

第七名 78，949 真名井瀑布（日本）-p143

第八名 74，331 圣诞老人村（芬兰）-p139

第九名 74，281 新喀里多尼亚（法国海外领地新喀里多尼亚岛）-p45

第十名 69，315 安达卢西亚郊外的向日葵园（西班牙）-p52

第十一名 68，282 国立常陆海滨公园（日本）-p12

第十二名 67，406 伦索伊斯•马拉赫塞斯国家公园（巴西）-p64

第十三名 66，429 卡帕多西亚（土耳其）-p119

第十四名 65，178 班顿（美国）-p76

第十五名 64，556 富士山（日本）-p151

第十六名 58，040 高台寺（日本）

第十七名 57，891 弗里希利亚纳（西班牙）-p103

第十八名 56，940 扎金索斯海滩（希腊）-p114

第十九名 55，088 土阿莫土群岛（法属波利尼西亚）

第二十名 54，632 伊瓜苏瀑布（阿根廷，巴西）

第二十一名 54，248 大蓝洞（伯利兹）-p25

第二十二名 53，182 心岛（澳大利亚）

第二十三名 52，978 圣灵岛（加拿大）-p40

第二十四名 50，018 蓝湖（冰岛）-p111

第二十五名 49，637 哈尔施塔特（奥地利）-p37

第二十六名 47，831 托莱多（西班牙）-p32

第二十七名 43，933 的的喀喀湖（秘鲁 · 玻利维亚）-p147

第二十八名 43，736 香榭丽舍大街（法国）

第二十九名 41，837 纽伦堡的圣诞市场（德国）-p98

第三十名 41，318 赫特潟湖（澳大利亚）-p68

海中的浮游生物在拍打浪花，闪闪发光时的夜景是瓦度岛的美景。近年，随着浮游生物的减少，当地人说渐渐地看不到这种美景了。因而本书当中没有其图片。

第三十一名 39, 338 卡克斯劳坦恩酒店（芬兰）-p16
第三十二名 38, 599 巴厘岛摇滚酒吧（印度尼西亚）
第三十三名 38, 163 云海观景台（日本）-p41
第三十四名 36, 870 活钟乳石洞（墨西哥）
第三十五名 36, 733 汤西川温泉（日本）- p146
第三十六名 36, 094 南极大陆极光（南极）-p138
第三十七名 35, 566 四季酒店（波拉波拉岛）
第三十八名 35, 122 阿尔卑斯山脉（欧洲）
第三十九名 34, 696 七里桥（美国）
第四十名 34, 066 纪念碑山谷（美国）
第四十一名 32, 619 玄海镇的梯田（日本）-p150
第四十二名 30, 960 尼罗河（南非大陆）
第四十三名 28, 383 信号山（南非）-p33
第四十四名 27, 913 巨石阵（英国）
第四十五名 27, 836 蓝色清真寺（土耳其）-p84
第四十六名 24, 004 科托尔港口（黑山）-p36
第四十七名 23, 307 冰酒店（瑞典）-p110
第四十八名 22, 786 天门山索道（中国）-p81
第四十九名 22, 358 纳奇尔沙漠（埃塞俄比亚）-p69
第五十名 22, 318 圣米歇尔礼拜堂（法国）-p99

第五十一名 21, 062 罗伊•萨巴酒店星星床（肯尼亚）
第五十二名 20, 544 伊施卡瑞特（墨西哥）
第五十三名 19, 899 巨人桌（冰岛）
第五十四名 19, 210 红海滩风景区（中国）-p65
第五十五名 18, 154 兰德瓦瑟高架桥（瑞士）-p118
第五十六名 17, 886 大雾山国家公园（美国）-p17
第五十七名 17, 675大理石洞穴教堂［阿根廷 · 智利（俗称“巴塔哥尼亚”）］-p77
第五十八名 16, 997 摩拉维亚（捷克）-p123
第五十九名 16, 815 羊卓雍湖（中国）-p122
第六十名 15, 073 克利宛的恋爱隧道（乌克兰）-p8
第六十一名 13, 167 萧安（摩洛哥）-p102
第六十二名 13, 140 神灵瀑布（冰岛）-p44
第六十三名 12, 298 马特洪峰（瑞士，意大利）
第六十四名 10, 306 耶洛奈夫（加拿大）
第六十五名 9, 174 屋久岛（日本）
第六十六名 8, 848 新天鹅堡（德国）
第六十七名 8, 800 瓦卡奇纳绿洲（秘鲁）-p94
第六十八名 8, 056 里奥马焦雷（意大利）-p57
第六十九名 7, 991 竹田城遗迹（兵库县）-p127
第七十名圣 7, 944 圣托里尼岛（希腊）-p56
第七十一名 7, 807 普里特维采湖群国家公园（克罗地亚）-p60
第七十二名 6, 693 威尔特郡巴斯侯爵庄园（英国）
第七十三名 6, 542 莫诺湖（美国）-p72
第七十四名 6, 351 内藏山（韩国）
第七十五名 5, 026 阿拉伯塔酒店（迪拜）
第七十六名 4, 580 雷加莱拉宫（葡萄牙）
第七十七名 4, 029 巨魔的舌头（挪威）-p21
第七十八名 3, 762 宝塔（缅甸）-p134
第七十九名 3, 748 泰姬陵（印度）
第八十名 3, 374 台湾元宵节（中国）-p106
第八十一名 3, 363 马丘比丘（秘鲁）
第八十二名 3, 296 黄龙风景区（中国）
第八十三名 3, 282 布莱德湖圣玛丽教堂（斯洛文尼亚）
第八十四名 3, 183 贝加尔湖（俄罗斯）
第八十五名 2, 902 狼山丘沙漠（美国）
第八十六名 2, 689 田舍馆村（日本）
第八十七名 2, 653 天文洞（中国）
第八十八名 2, 352达尔瓦札 地狱之门（土库曼斯坦）-p24
第八十九名 2, 330 九寨沟（中国）-p126
第九十名 2, 307 帕特斯沃尔德湖泊（荷兰） p89
第九十一名 2, 285 北岳（日本）
第九十二名 2, 253 米特奥拉（希腊）
第九十三名 2, 239 摩特诺玛瀑布（美国）
第九十四名 2, 227 斯卡夫塔费德国家公园（冰岛）-p13
第九十五名 2, 196 卡皮拉诺吊桥（加拿大）-p80
第九十六名 2, 026 天空公园（新加坡）
第九十七名 1, 887 奇陶加尔古堡（印度）
第九十八名 1, 827 卡奈马国家公园（委内瑞拉）-p61
第九十九名 1, 576 佩特拉（约旦）
第一百名 1, 548 白沙国家纪念碑（美国）
第一百零一名 1, 541 复活节岛（智利）
第一百零二名 1, 443 科罗拉多大峡谷（美国）
第一百零三名 1, 417 阿马尔菲（意大利）
第一百零四名 1, 393 棉花堡（土耳其）
第一百零五名 1, 293 三游洞 悬崖餐厅（中国）-p88
第一百零六名 1, 193 军舰岛（日本）
第一百零七名 1, 186 乌鲁鲁 · 艾尔斯岩（澳大利亚）

拍摄第一名兰佩杜萨岛照片的是居住在米兰的专业摄影家多梅尼科老先生，这次在编辑本照片集的时候，向他征求了刊登该照片的许可。我在照片投稿网站<fotocommunity>上收到老先生从德国发来的邮件，是对我选刊了他的照片表示感谢的邮件。这张照片拍于2003年，虽然照片比较小，可是我把它堂堂正正地刊载在了第48,49页。

绝景 20

安达卢西亚郊外的向日葵园

西班牙

在西班牙南部，一个叫安达卢西亚的地方可以看到这样的向日葵地。成片的向日葵连绵不绝，就像是一片金黄色的海洋一样。黄灿灿的向日葵和万里无云的夏空交相辉映，美丽无比。

在小船上晃悠悠地度过优雅的一天

景点去程

从北京可以乘坐飞机直达罗马。在罗马住宿一天，回来的时候也可以选择在米兰住宿一天，建议大家将这两次住宿时间充分地利用起来，度过有意义的时光。

首先从北京首都国际机场直飞罗马。

真棒！山下安奈小姐

我去过啦。这个地方真是漂亮得无法用语言表达。由于湖面上有点波浪，不能拍出效果很好的照片，可是乍一看还是感觉看到了“飞船”。

真棒！匿名者

假期的时候，在西西里岛和兰佩杜萨岛一共度过了3天。兰佩杜萨岛是意大利最南部的一个小岛。从西西里岛坐飞机去的话，大约需要1个小时的路程。由于面积比较小，两个人骑着摩托车2个小时左右就能将小岛逛一圈。

行程

SUPERB TOUR PLAN

第一天	北京首都国际机场—罗马（住宿）
第二天	罗马市内观光—兰佩杜萨岛（住宿）
第三天	兰佩杜萨岛（住宿）
第四天	兰佩杜萨岛—米兰（住宿）
第五天	米兰市内观光
第六天	到达北京首都国际机场

在小兔沙滩上大家也有和海龟浪漫邂逅的机会。

推荐旅行季节

夏季

离马耳他、西西里岛、突尼斯等地方最近的只有兰佩杜萨岛，只有在夏天的时候，航班特别地多，不仅有从罗马、米兰直飞的航班，还有很多廉价航班。周末的时候，航班也特别地多，大家快快确定自己的日程吧。

旅行预算

大约**1.8**万人民币

包括飞机票，住宿，出入境税收，燃油费（以8月31日出发为例）。

旅游须知

由于地处欧洲最南边，所以千万不要忘记带防晒霜和沙滩用品。虽然在7、8月份的时候，利用假期来这里旅游的人非常地多，非常地拥挤，可是夏季仍然是最好的季节。建议大家尽情享受一下深蓝的大海和白色的海滩。在罗马和米兰逗留期间，会在高级餐厅用餐、购物，等等，希望大家准备好相关的服装。去北意大利的米兰的时候，天气会相差很多，就像一下子变到秋天似的，希望大家注意一下。

如果遇到从意大利各地起飞的廉价航班的话，可以缩短在兰佩杜萨岛逗留的时间，稍微增加在罗马、米兰逗留的时间。同时强烈建议大家先到罗马观光，之后乘坐当天的航班去西西里岛，周游完西西里岛之后，乘飞机去兰佩杜萨岛。能够一次性体验到南北气候、文化都不同的意大利是一次非常棒的旅行。行程的最后，在世界时尚之都米兰可以先体验一下秋之韵味。

想从兰佩杜萨岛一直游到米兰。

从来没有见过一片无边无际的黄色海洋

👍 真棒！水崎由香小姐

我是在坐车离开朋友生活的城市中途，偶然在巴士中发现这个景色的。我刚和最喜欢的朋友分别，泪水止不住地往下流，都快影响到坐在我旁边的西班牙老太太了。但是看到这景色之后，我的眼泪止住了，我始终认为这是神赐予我们的风景。

👍 真棒！中尾羲彦先生

2000年7月份去的，如果想看向日葵花的话，还是早点去比较好。

景点去程

西班牙有许多的向日葵园，其中最出名的应该要数安达卢西亚的了。该地区的中心城市是塞维利亚。从中国没有直飞西班牙的航班，必须要在欧洲中转，到达巴塞罗那，整个航程在13到19个小时。从巴塞罗那到塞维利亚的话，可以利用西班牙的高铁AVE，大约两个半小时就能到达。到科尔多瓦的话，大约只需要1个小时50分钟。从塞维利亚坐车去科尔多瓦、马拉加的时候，就可以透过车窗看到一片向日葵地。不同的向日葵园中的向日葵开花时间稍微有点不同，如果真的特别想细致观看的话，建议大家自己租辆车，或是坐出租车从塞维利亚、科尔多瓦、马拉加等地方开始自己的看花之旅。

行程

SUPERB TOUR PLAN

第一天	北京首都国际机场—欧洲中转—马德里（住宿）
第二天	马德里观光—乘坐AVE到塞维利亚（住宿）
第三天	参加向日葵园观光旅行—乘坐AVE到马德里（住宿）
第四天	马德里出发—欧洲中转
第五天	到达北京首都国际机场

推荐旅行季节

6月上旬到7月上旬

很多人认为向日葵是仲夏的时候开放的，其实从5月下旬的时候，向日葵就开始开放了，6月上旬到7月上旬迎来了开放巅峰。只是2013年的时候，整个欧洲的气温都比较低，向日葵的开花时间也往后推迟了一点。据说原本6月上旬开放的鲜花到下旬的时候才开始开放。

旅行预算

大约9000元人民币

包括飞机票，机场接送，AVE二等座来回车费，住宿，塞维利亚向日葵之旅。

旅游须知

夏季的时候，安达卢西亚的气温很有可能超过40摄氏度，所以大家一定要带好防晒物品、帽子、太阳眼镜、长袖衬衫，等等。但是当地的空气比较干燥，虽然是夏天，可是在树荫下依然十分凉爽。巴士中的空调温度会调得比较低，因此温差较大，大家外出乘坐巴士的时候，不要忘记随身携带披肩。此外特别需要注意的是，马德里、巴塞罗那作为观光城市，小偷特别多。大家要保管好自己的贵重物品，晚上一个人出门时要特别小心。

也想来这里看看

就为了只看向日葵而特意去安达卢西亚的话，太浪费了。如果去了的话，至少在安达卢西亚还要追加两天的行程。建议大家可以将火车票换成西班牙轻轨和巴士的车票。将从马拉加出发的计划，改成周游塞维利亚、科尔多瓦等城市的计划。在西班牙你可以参观一下阿罕布拉宫等世界文化遗产，了解西班牙独特的历史。同时也可以品尝到西班牙各地的美食和观看弗拉门戈。如果从位于西班牙南部安达卢西亚、地中海太阳海岸的马拉加——毕加索的出生地回去的话，可以缩短旅行时间。

7月份的安达卢西亚被称为西班牙的热锅。

绝景 21

圣托里尼岛

希腊

漂浮在南爱琴海的度假圣岛。上面的建筑物所有的墙壁都是白色，屋顶都是青色的，被称为“世界最美的小岛”之一。此外还流传着它是亚特兰蒂斯大陆的一部分这样的传说，它是一片充满着历史浪漫气息的土地。

绝景 22

里奥马焦雷

意大利

面临着意大利西海岸的一个小渔村，是世界遗产五渔村的一部分。这里的建筑物，包括船的色彩都非常鲜艳，据当地的渔夫们说是为了可以从遥远的大海就能看到渔村。

这里是青白两色的世界

景点去程

从雅典出发，乘坐国内航班大约50分钟，或是比雷埃夫斯港出发乘坐高速船要4个小时，普通船要8个小时左右。由于海面状况的变化，船运有时会出现变更或是停运的情况，大家要提前做好准备。从雅典市内到比雷埃夫斯港的地铁每天早上5点就开始运行，特别方便。

真棒！须都子小姐

十几年前曾经在这里住过一个月左右的时间。我租了一个带厨房的房间，早晨将门打开后，映入眼帘的就是一片散发着光辉的爱琴海，简直如梦境一般。我还想再去一次呀。这里的夕阳也很美。

真棒！坂口宽先生

在绝壁酒店的阳台上所看到的爱琴海不管是照片还是语言都无法表现它的美。看了这样的景色之后，第一次感受到失衡般的美。建议大家一定要过去看看。

从古城雅典开始一直畅游到南边的火山岛。

photo by playlight55

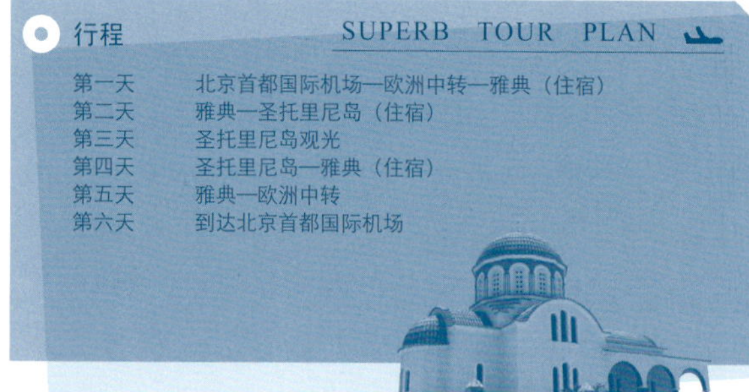

行程

SUPERB TOUR PLAN

第一天	北京首都国际机场—欧洲中转—雅典（住宿）
第二天	雅典—圣托里尼岛（住宿）
第三天	圣托里尼岛观光
第四天	圣托里尼岛—雅典（住宿）
第五天	雅典—欧洲中转
第六天	到达北京首都国际机场

推荐旅行季节

6月到9月

最好的旅行季节是6月到9月。因为其余的时间里，游客较少，营业的店铺也比较少，显得比较冷清寂寞。建议大家夏季的时候去看看白墙青瓦相互映衬的景色。

旅行预算

大约1.5万人民币

包括飞机票，当地交通费，住宿，早饭，燃油费。

旅游须知

在旅游季前后，有时会因为海面波浪的情况，出现航运停运的状态。大家要注意查看自己的船运情况。同时由于当地阳光比较强烈，千万不要忘记带防晒霜等物品。由于街道建在高地上，所以到达港口后，一般是乘坐巴士或是出租车。海滩沙的主要成分是火山岩黑沙，所以穿凉鞋比较好。在海里玩水的时候，小心不要被海胆等海洋生物给蜇到。

也想来这里看看

建议顺道去雅典的时候，也去参观一下雅典市内。雅典的街道中，保留着很多古希腊神话的遗迹，在这里你能感受到古代历史的气息。如果是坐船或是乘国内航班来雅典的话，建议大家一定要去被称为“爱琴海的白宝石”的米克诺斯岛，拥有克诺索斯宫殿的克里特岛也可以去看看。

在“爱琴海的白宝石”——米克诺斯岛上度过一个极好的周末吧！

有7种颜色的像调色板一样的街道

景点去程

从比萨机场到比萨中央车站大约是1000米的路程。之后从比萨站出发，乘坐电车大约一个半小时之后，就能到达世界遗产五渔村的南边入口处里奥马焦雷。从佛罗伦萨出发的话，坐电车大约需要2个小时40分钟到3个小时。从热那亚去的话，坐电车大约需要一个半小时到两个小时。

从比萨去是最近的方法。

photo by the bbp

真棒！山下安奈小姐

这是一个可爱的小渔村。由于我的时间不够，就只玩了一天。如果时间允许的话，建议大家在当地多停留一天。

行程 SUPERB TOUR PLAN

第一天	北京首都国际机场—欧洲中转—佛罗伦萨（住宿）
第二天	佛罗伦萨观光
第三天	佛罗伦萨—坐电车去比萨—里奥马焦雷—五渔村（住宿）
第四天	五渔村观光—热那亚
第五天	热那亚—巴黎或伊斯坦布尔中转
第六天	到达北京首都国际机场

真棒！登先生

这是我的意大利之旅中最喜欢的地方。在这里可以悠闲地体会生活的韵味，还会被老爷爷们邀请和他们一起晒日光浴。这里真不愧是渔村，海鲜面特别地好吃，我还想再去一次。

推荐旅行季节

6月到10月

建议大家6月到10月这段时间去那里看看。只是在8月的时候，时间上会和意大利的度假季节重合在一起，人会比较多。此外，建议大家买一张五渔村的交通卡，这张交通卡可以在连接五渔村的火车、汽车上使用。

旅行预算

大约1.2万人民币

包括飞机票，当地交通费，住宿，早饭，燃油费。

旅游须知

建议大家可以坐船参观每一个村子。同时还能观赏到狭窄的海岸湾建造的各种各样不同色彩的房子。村中虽然也有小型巴士在通行，可是乘车处的站牌却不大，在看站点的时候，千万不要漏看了。如果搬着大大的旅行箱走坡道、石台阶的话，是非常吃力的，建议大家在这里一日游就可以了，少带点物品。

时间允许的话，大家也可以去佛罗伦萨看看。站在圣玛丽亚•费奥雷大教堂的钟楼或圆顶上看下面的街道时的心情是非常愉悦的。乌菲兹美术馆所展览的波提切利、拉斐尔等大家的名画也不容错过。

此外，在热那亚还可以吃到最正宗的热那亚披萨。在热那亚，停泊着许多遨游于地中海的大船，就光是看着这些大船停在港口时的样子都会觉得心情特别地好。

一定要去参观一下圣玛丽亚•费奥雷大教堂，不然你绝对会后悔！

绝景 23

普里特维采湖群国家公园

克罗地亚

位于克罗地亚与波斯尼亚和黑塞哥维那共和国国境附近的国立公园。16个湖连接在一起，形成了一个将近8000平方米的湖泊群。其中，连接这些湖群的瀑布被称为“世界最美瀑布”。眨眼之间，水的颜色就会发生变化，有时是碧绿色，有时变成青色，让游客应接不暇。

绝景 24

卡奈马国家公园

委内瑞拉（圭亚那高地）

位于南美洲委内瑞拉的国立公园。在里面有许多的桌山，还有一些至今都没有人类足迹的地方，被称为“世界最后的秘境”。世界上最大的天使瀑布也在这里。

想全部映入自己的眼中，一个都不想落下

景点去程

普里特维采湖群国家公园位于克罗地亚首都萨格勒布以南约110千米的地方。从萨格勒布坐车大约两个半小时就能够到达。巴士一天大约有9—13趟车。

从中国没有直飞克罗地亚的飞机，必须要在欧洲的主要城市进行中转。所需的时间根据所乘坐的航班而略微有点差异，一般在12—16个小时。此外，还可以在其邻国乘坐国际列车、国际汽车。从萨格勒布到公园坐巴士的话，单程大约需要两个小时到两个半小时。

真棒 FJ

遗憾的是，我去的时候正好在下雨，没有看到导游书上写的那样的湖。可还是拄着自己亲自做的拐杖，观赏了好几条瀑布，这也不失为一种享受旅行的乐趣。

行程 SUPERB TOUR PLAN

第一天	北京首都国际机场—欧洲中转—萨格勒布（住宿）
第二天	萨格勒布—坐火车去普里特维采湖群国家公园—普里特维采湖群国家公园（住宿）
第三天	普里特维采湖群国家公园—坐火车去萨格勒布—萨格勒布（住宿）
第四天	萨格勒布—欧洲中转
第五天	到达北京首都国际机场

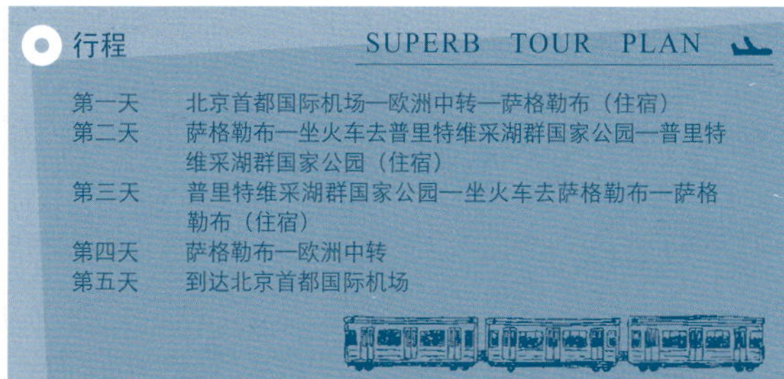

真棒！晚秋花

去年秋天的时候去的，红叶虽然很好看，可我还想在5月份水多的时候再去一次。

推荐旅行季节

夏季

在这里从夏季到秋季，你一直都可以享受到碧绿的湖泊和瀑布交相辉映的美丽风景。虽然从冬季到春季可以看到美丽的雪景和冰冻的瀑布，可是公园里的餐厅和酒店一般都在休息，食宿有点不方便。

旅行预算

大约1万人民币

包括飞机票，住宿，机场接送出租车，巴士，普里特维采湖群国家公园门票。

旅游须知

在广阔的公园里行走时，虽然不需要登山用的大型装备，可还是要携带一些远足时用的装备，一定要穿比较容易行动的服装。同时，由于该公园海拔较高，一天当中温差变化比较大，就算是夏天的时候，也要准备一些开衫、风油精和伞等东西。从春季到秋季结束，晴朗时日晒比较强烈，一定要做好防晒准备。不要忘记携带太阳镜、帽子、防晒霜等物品。此外，夏季的时候，来自全球各地的人都来参观该地，游客众多。所以在买门票、乘船、坐巴士的时候，肯定要花一些时间，大家要做好等待的准备。建议大家可以在等的时候，适当加入一些其他参观活动。

也想来这里看看

克罗地亚是以美丽的亚德里亚海和其沿岸充满魅力的街道而闻名于世界的。中间还有为游客所津津乐道的“亚德里亚海的珍珠”——杜布罗夫尼克。

统一的橘黄色屋顶的旧街道也是世界遗产之一。街道被高高的城墙包围着，就像是明信片一样美丽。

好不容易来到东欧，不如在高高的城墙上走一圈，俯视着亚德里亚海和旧街道全景怎么样？

在美而透明的亚德里亚海上行驶的小船就像在空中飞一样。

也想去美丽的古都杜布罗夫尼克。

自己迈出的一步也许就是人类史上的第一步

景点去程

从委内瑞拉的圭亚那高地入口处，向着卡奈马国家公园的玻利瓦尔城出发吧。从加拉加斯出发，乘坐国内航班进行中转，到达奥尔达斯的巴士终点站。到达之后，最好不要乘坐巴士，而是乘坐出租车去距离120千米左右的公园。虽然乘坐巴士比较便宜，可是由于当地整体的物价比较低，坐出租车的话，更加舒适、快捷。

在玻利瓦尔城虽然可以参加当地的旅行团去加拉加斯。可是由于只能乘坐塞斯纳的飞机，所以差不多要花两天的时间才能到达加拉加斯，所以跟当地的旅行团的话，差不多要花4天的时间。由于当地物价非常地便宜，大家可以自由选择最轻松的豪华行。只不过加拉加斯的治安不是很好，大家要特别注意。

在这里也许你还能看到水豚哦。

行程 SUPERB TOUR PLAN

第一天	北京首都国际机场—法兰克福或巴黎中转
第二天	加拉加斯—乘坐国内航班到达奥尔达斯—坐出租车去玻利瓦尔城—玻利瓦尔城（住宿）
第三天—第七天	参加玻利瓦尔城当地的旅行（住宿4天）
第八天	玻利瓦尔城—乘坐国内航班去奥尔达斯—加拉加斯（住宿）
第九天	加拉加斯—法兰克福或巴黎中转
第十天	到达北京首都国际机场

真棒！步治平先生

我去过了呀。美得真的让我无法用语言来形容。看到天使瀑布的时候，我已经完全说不出来话了。从日本出发的话，大约需要20个小时。此外，我还去了塞斯纳，坐上敞车，到达河边，在湖面上玩了6个小时。在丛林里还玩了两个小时，通过这次旅行，我的人生都发生了变化。

推荐旅行季节

夏季

从雨季转化到干季的8、9月份是最好的旅游季节。干季的时候，由于水量减少，不能坐船去离天使瀑布最近的小岛观赏瀑布。当然，干季的时候，瀑布的水量也会发生变化。

旅行预算

大约2万人民币

包括飞机票，出租车费，当地旅行团，当地交通费，吃饭等费用。

旅游须知

在圭亚那高地不管是雨季还是干季，都要做好万全的驱虫措施。在那里蚊香会起到很大的作用，去的时候，记得带上蚊香。在当地，要尽量避免将皮肤裸露在外，所以千万不要忘记带长袖、长裤等服装。此外，为了以防万一，要随身携带治疗蚊虫叮咬的药。当地的日晒比较强烈，大家要做好防晒准备，像太阳镜、帽子、防晒霜等东西是必不可少的。在坐船的时候，雨衣是必不可少的。在丛林漫步的时候，最好能穿一双防滑、防水的鞋子。

也想来这里看看

圭亚那高地上究竟看哪些景点是一个问题。主要的景点肯定是天使瀑布，除此之外，还有许多其他可以观赏的美景，如奥里诺科河三角洲，等等，如果时间允许，建议大家在当地慢慢地游玩一下。

在拉美的展望台或是乘坐塞斯纳的观光小飞机从上俯视天使瀑布真是一种美的享受。

尽情地在地球最后的秘境里好好地畅游一番吧！

绝景 25

伦索伊斯•马拉赫塞斯国家公园

巴西

位于南美大陆东北部的巨大的白色沙漠，其面积相当于三分之一个北京那么大。雨季1月到6月份的时候会自然出现无数的翡翠湖，在湖里生活着不知从什么地方来的小鱼儿们。

绝景 26

红海滩风景区

中国

世界规模最大的湿地带。由于土壤里含有大量的盐、碱类成分，生长在其中的芦苇都变成了大红色，将湿地全面覆盖，形成一片火红的海洋，这样的场景被称为“火之沙滩”。图片中为9月份时的场景。

对沙漠里生长的物种不明的小鱼感兴趣

景点去程

纯白的沙漠，一年只出现半年的湖泊。想要去这么神奇的地方，首先要从中国乘坐飞往巴西圣保罗的航班。在圣保罗转乘巴西国内航班去圣路易斯。然后再从圣路易斯出发去观光城市巴雷里尼亚斯，大约是3个小时的车程。在巴雷里尼亚斯高低不平的道路上行驶15千米之后，就能到达目的地了。这个旅程绝对不是一个轻松的旅程，大家要做好准备。可是正因为如此，它更加具有另类美。

真棒！寺本美纪小姐

绝对的美景。我认为从圣路易斯坐3个小时的车去塞斯纳比较好。从上面俯视底下的景色是最好的。

行程

SUPERB TOUR PLAN

第一天	北京首都国际机场—圣保罗住宿
第二天	圣保罗—圣路易斯
第三天	圣路易斯—坐车去巴雷里尼亚斯—巴雷里尼亚斯（住宿）
第四天	巴雷里尼亚斯—坐吉普车去伦索伊斯•马拉赫塞斯国家公园—巴雷里尼亚斯（住宿）
第五天	巴雷里尼亚斯—圣保罗
第六天	圣路易斯—圣保罗
第七天	圣保罗—北京首都国际机场

真棒！冈本纪子小姐

我是在巴西工作之后，第二周过去的。由于没有铺路，我在开越野车去的途中就特别兴奋。等到了之后，因那美丽的景色心情特别愉悦。从塞斯纳俯视的话，景色会更加美丽，推荐大家去看看。

推荐旅行季节

5月到9月

在雨季（1—6月）的末尾或是结束之后，就能看到只出现半年的翡翠湖了。建议大家在5月到9月份的时候去看看。10月之后，湖水就干涸了，无法欣赏到奇观了。

旅行预算

大约2万人民币

包括飞机票，住宿，出入境税，燃油费（以9月3日出国为例）。

旅游须知

在湖里是可以游泳的，建议大家带着泳衣前去。这里完全可以说是沙漠，阴凉的地方几乎没有，所以大家一定要做好防晒措施，防晒霜、帽子、太阳镜等东西都是必需的。同时，选择鞋子的时候要稍微注意一下，要选择那种适合于沙漠中行走的鞋子，比如运动鞋之类的。衣服最好带短裤之类的。因季节的不同，所需携带的物品也会稍稍有所不同，有时候还会需要带雨衣去。建议大家携带一个可以将这些小东西放在里面的小双肩包，这样会比较轻松一点。

也想来这里看看

圣路易斯城市里面有许多世界遗产。它是巴西唯一一座由法国人建造的城市，里面充满了殖民地时期的美感。特别是体现着传统欧洲风的彩色墙壁更是美得让人流连忘返。此外，还建议大家去南美最大的都市圣保罗看看，它是最能体现巴西快速发展的城市。在那里你可以感受到真正的足球和窑烤技术。

一次可以看到美景和足球的奢侈之旅。

潜水的话，也许会发生危险

景点去程

首先，向辽宁省155千米处的盘锦市出发，之后从盘锦市向西南方向行驶约30千米就可以到达。（面朝着位于辽东半岛和辽西回廊之间的辽东湾。）从沈阳到盘锦市坐动车的话，大约需要1个小时，坐汽车的话，需要3个小时左右。到达盘锦市之后，在那里坐巴士或是出租车大约30分钟就能到达红海滩风景区，之后再换乘电动车，约30分钟之后就能到达红海滩了。

也想去沈阳的中国茶城看看

晚饭可以在沈阳老边饺子馆吃饺子。

行程

SUPERB TOUR PLAN

第一天	北京—沈阳市（动车5个小时，飞机一个半小时）
第二天	沈阳—盘锦市—红海滩风景区—沈阳（住宿）
第三天	沈阳观光（旧大和酒店，旧南满铁路，沈阳站。“九一八事变”历史博物馆。）
第四天	沈阳—到达北京

推荐旅行季节

秋季

红海滩湿地的芦苇每年3月到4月份开始发芽，刚开始的时候，颜色还是比较淡的，颜色会越变越浓，9月到10月份的时候，完全就像是在平原上铺了一层厚厚的红地毯一样。

旅行预算

大约1500元人民币

包括飞机票，住宿，早饭。

旅游须知

在红海滩生活着丹顶鹤之类的很多野鸟，除了相机之外，大家还可以用望远镜观测那些鸟类。海滩周围很多都是木质的栈道，所以大家最好是穿比较容易走路的运动鞋、服装。最好的旅游时间是9月、10月份的时候，最低气温在5摄氏度左右，最高气温在20摄氏度左右。起风的时候，大家最好还是带件披肩以防天气变冷。

也想来这里看看

向大家推荐的是位于沈阳市郊外的亚洲最大规模的钟乳石洞——本溪水洞。它拥有500万年的历史，面积36平方千米，全长2.8千米。由于里面几乎全是钟乳石池，所以可以乘坐电动小船在里面遨游一圈。

中国的钟乳石规模也是很大的！

除了本溪水洞之外，中国最大的钟乳石洞——黄龙洞也特别有人气，值得观赏。

仿佛如世外桃源般的红海滩，泛舟于碧波，垂钓于庭榭。这里令人远离城市的喧嚣，享受大自然的宁静。请爱护这里的生态环境，让大自然的这份美好永驻。

绝景 27

赫特潟湖

澳大利亚

位于澳大利亚的西部，珀斯附近的湖泊。湖水盐分很高，生活在湖里的细菌由于体内会生长一种胡萝卜素物质，导致湖水看起来呈粉红色。在几个盐湖中，由于其颜色是最鲜艳的一个，所以它还有一个别名，叫作“粉红湖”。

绝景 28

纳奇尔沙漠

埃塞俄比亚

位于非洲大陆东北部的沙漠。它是位于低于海平面60米处、气温在45摄氏度环境下的美景，被称为“世界上最残酷的场所”。由于其大部分成分是硫磺和盐分，所以在这里你可以看到不可思议的黄绿色景观。

美丽的粉红湖，让你的少女心膨胀

景点去程

首先要去珀斯，可是从中国没有直飞珀斯的航班，所以必须要在东南亚中转，时间需要12—15个小时。到达珀斯后，可以乘坐当地价格最便宜的航空公司的飞机去埃斯佩兰斯。去埃斯佩兰斯的航班，一天有2到3次，时间差不多需要1个小时40分钟。赫特潟湖距离埃斯佩兰斯郊外5000米左右，坐车10到15分钟就能到达。

珀斯是欧洲人在澳大利亚建设的第一个城市。

真棒！河内繁一先生

我是在准备去埃斯佩兰斯的幸运湾途中，顺便去了这里。我去的时候，并没有感觉到有多少粉红色。当地的人说细菌和水质的情况会影响水的颜色。

行程

SUPERB TOUR PLAN

第一天	北京首都国际机场—新加坡中转—珀斯（住宿）
第二天	珀斯住宿
第三天	珀斯—埃斯佩兰斯—坐车去赫特潟湖—埃斯佩兰斯（住宿）
第四天	埃斯佩兰斯—珀斯中转—新加坡（日期发生改变）
第五天	珀斯—到达北京首都国际机场

推荐旅行季节

7月到12月

这里一年四季都比较适宜居住，尤其是4月—12月不是特别热，会特别舒服。野生花卉的观赏时节是每年的7月初到12月中旬。那时候珀斯所在的西澳大利亚到处都是盛开的鲜花，有12000种野生的花卉，其中有八成左右是澳大利亚独有的。

旅行预算

大约1.3万人民币

包括飞机票，住宿，机场接送出租车，租车（一天，埃斯佩兰斯）（以9月出发为例）。

旅游须知

由于其地处南半球，季节和我们是完全相反的，大家要提前注意一下。虽然那边的冬天没有那么寒冷，可是考虑到晚上游玩时会降温以及坐长途大巴时开空调的情况，大家还是准备一些稍微厚一点的上衣比较好。同时，在澳大利亚航行的时候，是需要电子签证的，电子签证在网上很容易办理。

也想来这里看看

西澳大利亚是自然美景的宝库。如果时间允许，在珀斯多逗留一天，去看看看起来像大波浪的15米高的巨石“波浪岩”怎么样？和大波浪形状一样的巨石，是数百万年在风、雨、沙的雕刻下形成的大自然的艺术品。

乌鲁鲁和尖峰石阵也是不得不看的美景。

虽然有点怪异，但还是有其自己独特的魅力

景点去程

纳奇尔沙漠是横跨厄立特里亚、吉布提、索马里、埃塞俄比亚的低地。海拔低于海平面，最低的地方低于海平面155米。

中国有直飞埃塞俄比亚首都亚的斯亚贝巴的飞机，之后再乘坐国内航班到达埃塞俄比亚东北部的城市默克莱。

到达默克莱之后，可以参加当地旅行社的纳奇尔沙漠之旅，看看各地的风景。一般报了旅行团之后2到3天之后才能去旅行，并且平均都是4天3夜的行程。旅途中一般都是住在帐篷或是租的村中小屋之中。你可以好好计划一下自己的行程。

旅途中，你可以看到许多的美景，比如“世界上可以最近距离地观看阿法尔火山顶的喷火口”景点，“地球上最低处之一的达洛尔的河口湖”（被黄色、翡翠色覆盖的大地）景点。

真棒！叶名雨琉小姐

去年的时候去的，景色真的是太美了。我将拍摄的短片上传到了Youtube上了，有时间的话，大家可以看看。http://youtube.com/watch?v=aCEFAkgiEwo。

推荐旅行季节

12月到1月

这里是地球上气温最高的地方，3—9月的时候，平均气温达到了50摄氏度左右，完全不适合去旅行。因此推荐大家在该地的冬季，也就是12月到次年的1月去旅行。

旅行预算

大约1.5万人民币

包括飞机票，机场建设费，燃油费，保险费，出入境税，住宿，报团，等等。

旅游须知

纳奇尔沙漠探险之旅的行程中，一般都是在帐篷或者租用的村中小屋住宿的，所以大家最好不要期待还能够洗淋浴。有的湖岸周边会有温泉涌出来，形成小湖，其盐度比死海的盐度还高，建议大家去这些湖里游泳试试。所以在准备旅行物品的时候，千万不要忘记带泳衣过来哦。纳奇尔沙漠周边的道路尘灰特别严重，大家要做好防尘措施。除此之外，大家在旅途中还要特别注意防中暑、防晒。要随时保证水分的供给，尽量减少裸露在外面的肌肤。

也想来这里看看

推荐大家去阿瓦什国家公园的野生动物园看看 。从亚的斯亚贝巴出发，大约需要4个小时的车程。在公园里可以边开车边看骆驼、猴等野生动物。此外，其附近还有天然的温泉，在疲惫的旅程结束之后，可以和阿法尔族人一起泡泡温泉，只不过温泉里面螨虫比较多，这点让人比较苦恼。

想在世界上最热的国家好好地体验一下。

真棒！仲野裕子小姐

第一感觉就是特别特别热，那里的温泉总在不停地“扑通扑通”地往外涌出来，给人一种感觉——地球确确实实是活的。由于这里是沙漠，所以来到这里的路途特别艰难，此外，在穿越危险区域的时候，为了保护我们，军队和警察都会和我们在一起。

绝景 29

莫诺湖

美国

位于西部加利福尼亚州的湖泊。由于湖水无法向外流出，外水也无法流进，溶解在湖水中的盐分常年累积在湖底，湖水的盐度非常高，成了碱性湖。2010年NASA发表声明称在该湖里发现了依靠砷元素而生存的细菌，认为其可以作为地球外生物的生息地。

地底下生活着外星人，好激动

景点去程

在这里有可以让你充分感受到神秘宇宙的怪石风景。去莫诺湖的时候，没有什么比较方便的方法，只能骑自行车。

从旧金山出发，沿着正东方向骑，大约需要5个小时，从洛杉矶出发，向北骑大约需要6个小时。它位于约塞米蒂国家公园的东边。

盐湖里各种各样的奇石，真是美景！

据说从遥远的76万年前抑或100万年前开始就没有流出过水的盐湖。

真棒！ 吉崎绫小姐

我来过这里哦，从旧金山出发，骑车大约5个小时就可以到。这次的旅行特别棒，中午的时候，虽然有点热，可是傍晚时，在夕阳的照射下，奇石们显得更加地神秘。

行程

SUPERB TOUR PLAN

第一天 北京首都国际机场—旧金山（住宿）

第二天 旧金山—骑车去莫诺湖—约塞米蒂国家公园（住宿）

第三天 约塞米蒂国家公园参观—约塞米蒂国家公园（住宿）

第四天 约塞米蒂国家公园—骑车去旧金山—旧金山（住宿）

第五天 旧金山

第六天 到达北京首都国际机场

在约塞米蒂国家公园里你可以有多种选择，从高级的酒店到平价的小屋。

推荐旅行季节

5月到6月

由于冬天的时候，有些道路不能通行，所以推荐大家夏天的时候去看看。实际上，5月到9月份是最好的季节，可是如果还想去约塞米蒂国家公园看看的话，最好是5月到6月期间去，因为这段时间里，约塞米蒂国家公园里瀑布的水量是最多的。从8月起水量就开始减少了，虽然白天的气温比较高，昼夜温差比较大，可是依然比较适宜人们来此旅游生活。

旅行预算

大约1.5万人民币

包括飞机票，燃油费，出入境税，租车费（5天），住宿（以9月3日出发为例）。

旅游须知

就算是在仲夏，这边的昼夜温差还是比较大，所以大家必须要带一些长袖上衣。考虑到有时候当地会出现突然下雨的情况，所以大家带的外套最好是能防水的。需要准备的装备总体上来说和在日本登山时的装备差不多，只不过当地的日晒比较强烈，空气比较干燥，大家不要忘记做相应的保护措施。还有，为了在当地能开车，千万不要忘记办理国际驾照。

史蒂夫•乔布斯就是在约塞米蒂酒店举行婚礼的。

也想来这里看看

如果去莫诺湖的话，一定要去一下约塞米蒂国家公园！当然你也可以制订以约塞米蒂国家公园为主，莫诺湖为辅的旅游线路。

作为世界遗产的约塞米蒂国家公园年游客量超过350万人次，是和科罗拉多大峡谷差不多的景点。

公园位于海拔3000多米的内华达山脉之上，里面有海拔超过4000米的群山、溪谷、草原、森林，等等，在这里你可以体验到美国独有的壮丽的大自然景观。虽然有从旧金山出发的一日游，可是如果不好好看一下那里的景色，急急忙忙就回去的话，特别浪费，所以建议大家最少要在那里逗留两天。全身心地感受一下大自然的美妙之处。

我去过的
世界绝景

3

屋久岛

文：诗步

右图为“泰斗”绳文杉树。
在屋久岛的徒步旅行要比想象中的难很多。朋友走到最后，脚脖子都完全变红了。如果大家想徒步旅行，建议大家组团去或者跟在导游的后面。

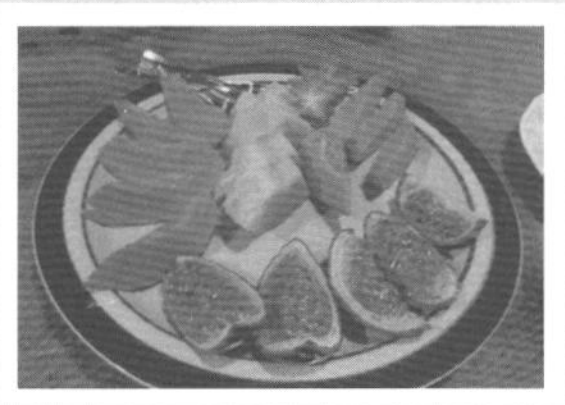

屋久岛的芒果、炸飞鱼都特别好吃！

一说到世界遗产，很多人都会想到埃及、西班牙等地方，总是有一种距离自己特别远的感觉。可是在我看来，作为一个日本人应该先去日本国内的世界遗产看看。

我最喜欢的日本旅游景点就是世界遗产之一的屋久岛。

在这里，我想介绍一下自己认为最漂亮的景点——白谷云水峡和屋久岛徒步行。

徒步行的那一天，我们在凌晨4点就起床了。

坐上了导游的车，一直到达山脚下，我们开始了为时14个小时的徒步旅行。

首先是第一个景点——《幽灵公主》的背景舞台——白谷云水峡。

我们一行人边用IPod播放着《幽灵公主》的主题歌，边在山中行走。铺满了森林和岩石的绿苔将周围染成了鲜艳的绿色。绿色的森林里飘荡着一股神秘的气息，感觉好像随时都有神鹿走出来召见我们似的。

走了两个小时之后，我们到达了第二个景点——太鼓岩。人们说这个比绳文杉树还要美丽，是屋久岛上排名第一的景点。当我们走到丛丛树林的尽头，突然有块巨石展现在我们的眼前，登上巨石，可以360度无死角地看到底下的全景，让人心情无比舒畅。

圆圆的太鼓岩是一个你一不小心就很有可能丧生的景点。即便如此，人们还是想稍微再靠近一点点，在更近处观赏。

它就是这样一个能让人产生这种矛盾感的景点。

再走4个小时之后，终于要见到绳文杉了。

真不愧是顶级的大树，周围的树完全不能和它相比，它独自生长在高处，宣示着自己的存在感。

绳文杉会给每个参观者以心灵的震撼。到达之后，我凝视着绳文杉达5分钟之久。只要一想到这棵树从3000年前就已经在这里，在还没有日本这个国家之前就在这里，在现在的我们死去之后，它依然还是在这里，不焦躁，不动摇，只是站在这里，见证着历史的发展，我就无法挪动自己的脚步，走向其他的地方。

我是被休息好的朋友拖着离开绳文杉的，随后我们便准备下山了。

看了屋久岛充满历史韵味的自然风景之后，小小的个人烦恼早就被抛到九霄云外了。人们更多的考虑是今后，这里的风景将会发生怎样的改变。

绝景 30

班顿

美国

位于美国西海岸俄勒冈州的一个度假胜地。连绵583千米的海岸线全部成为公共地，在这里可以体验到纯天然的海滩乐趣。此外，这里的高尔夫球场也特别有名，有的高尔夫球场还入选了“世界最好的高尔夫球场”前100名排行榜。

绝景 31

大理石洞穴教堂

阿根廷·智利（俗称“巴塔哥尼亚”）

是位于智利和阿根廷国境附近、俗称“巴塔哥尼亚”的一个叫作“卡雷拉将军湖”的湖内洞穴。绿松石色的卡雷拉将军湖湖水反射着阳光，景色十分绚丽。光线反射进岩洞，遇到大理石壁后再反射，形成迷人的光线 。它被人们称为“世界最美的洞穴”之一。

结束准备工作，开始向海外出击

景点去程

建议大家在离班顿最近的机场租车去那里比较好。离班顿最近的机场是俄勒冈州的北湾机场。机场距离班顿大约40千米，坐车约1个小时。如果想更好地享受旅行的乐趣，大家可以选择从旧金山机场出发，坐车大约需要九个半小时。如果从西雅图机场出发大约需要8个小时。从波特兰（俄勒冈州）机场出发大约需要5个小时。

纯天然的自然美景是最美丽的！

真棒！大森隆志先生

俄勒冈州之旅真是太美了。

SUPERB TOUR PLAN

行程

第一天	北京首都国际机场—旧金山中转—到达北湾—租车去班顿度假村—班顿度假村（住宿）
第二天	班顿度假村打高尔夫—班顿度假村住宿
第三天	班顿度假村打高尔夫（候选）—班顿度假村住宿
第四天	班顿度假村住宿—租车去北湾—旧金山住宿
第五天	旧金山
第六天	到达北京首都国际机场

推荐旅行季节

夏季

推荐大家在舒适的夏季（7—9月）过去旅游。春季（3—5月）、秋季（10—11月）的时候和初冬时一样有点冷，如果在那季节去班顿旅行的话，千万不要忘记带暖和的服装。

旅行预算

大约**1.3**万人民币

包括飞机票，出入境税，燃油费，住宿（2个成人一间房间的话，只收取一人份的钱），租车（E级别2个门或是4个门，4天）（以9月3日出发为例）。

旅游须知

当地的紫外线比中国要强很多，所以一定要做好防晒措施，不要忘记携带帽子、太阳眼镜、手套等物品。如果想在当地打高尔夫球的话，千万不要忘记带打高尔夫的设备。高尔夫设备可以在当地的高尔夫球场租赁，或是自己从中国带过去，自己带的话，要提前向航空公司咨询一下相关政策。在度假村住宿的游客可以在全美排名前100名的高尔夫球场自由地打高尔夫。该度假村人气特别旺，有传言说最好是提前一年订宾馆。

也想来这里看看

如果只是在旧金山中转的话，就太浪费了。建议大家到达旧金山之后，在当地参观一下。旧金山有许多可以参观的景点，比如像金门大桥、恶魔岛、渔人码头，等等，这些都是能代表美国的景点。在这些地方能真正感受到美国的杂文化。如果大家的时间很充裕，可以再参加从旧金山出发的当地的去约塞米蒂国家公园的旅行团。在这趟旅行中，你可以感受到一个和中国不同的、全新的大自然。约塞米蒂国家公园的大自然会给人以灵感。

约塞米蒂国家公园的大自然会给人以灵感。

在有名的垂钓景点钓钓鱼

也许能看到企鹅。

景点去程

实际上去大理石洞穴教堂要做好花相当长时间的准备。首先是乘飞机到智利的圣地亚哥中转，再飞往蓬塔阿雷纳斯。

之后再转一天只有一趟的长途巴士和小巴士（像面包一样的车）去科哈尼克。如果没有赶上长途巴士的话，在当地滞留两三天都是有可能的。到达的科哈尼克就是大理石洞穴教堂的所在地。推荐大家在圣托尼里租船观光或是参加当地的旅行团旅行。

能钓到很大的鱼哦！

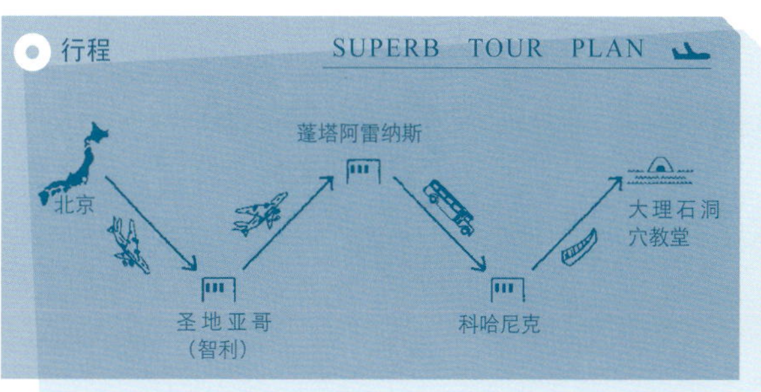

推荐旅行季节

11月到3月

巴塔哥尼亚由于地处南半球，季节和中国是完全相反的，11月到次年3月是当地旅行活动比较频繁的夏季，很多活动都是只在夏季举行的，因此推荐大家夏季的时候前去参观。此外，夏季的时候租赁交通工具的人也比较多。

旅行预算

3–5万人民币

虽然飞机票在1万到2万，可是也许会发生因赶不上车而滞留酒店的情况，所以建议大家多带点儿钱，以防出现突发问题。

旅游须知

在不确定的巴士运行时间里就可以看出当地人大大咧咧的性格。当地有的汽车公司在奇数日、偶数日的时候都会改变巴士的发车时间和次数，对于游客来说这是一个非常难把握的信息。因而建议大家一定要预留出充足的时间。

也想来这里看看

既然来到了巴塔哥尼亚，菲茨罗伊、罗斯格拉希亚雷斯国家公园的冰川、佩里托莫雷诺冰川等都是不能不看的景色。在冰川中融化的冰雪形成的流水反射着更加纯净的青光，营造出一种静谧的氛围。

沉浸在自然所创造的青色世界里！

绝景 32

卡皮拉诺吊桥

加拿大

连接着卡皮拉诺河两侧险峻溪谷的是温哥华最古老的吊桥。吊桥全长约180米，高70米左右。在遥望远处河流的同时，还在左右摇晃非常剧烈的吊桥上行走是需要相当大的勇气的。

绝景 33

天门山索道

中国

连接着张家界市中心和天门山国家公园的一条索道。全长7455米，是世界上最长的一条索道。走完这条索道单程需要30分钟左右。站在天门山的山顶，能将底下的城市一览无余，同时还能在距离地面1000米左右的高空，体验刺激的晃动之感。

自己亲身体验的美景，百分之百颤抖度的记忆之旅

景点去程

从温哥华市中心去那里的话，大约需要30分钟的车程，坐巴士的话，在加拿大广场、凯悦酒店、蓝海大饭店、威斯汀海柏酒店4个地方有免费去吊桥的观光巴士。

如果乘坐公共交通的话，首先在市中心的水景站乘坐水上巴士（轮渡）到达北温哥华市（大约需要15分钟）。下车之后，立即去它旁边的朗斯代尔码头巴士站乘坐开往彭伯顿高地/松鸡山方向的236巴士。大约15分钟之后就能到达。

> 真棒！三木友子小姐
> 我是冬天去的，桥被冰冻起来了，更加地摇晃了。

温哥华是个拥有大自然的大都市。

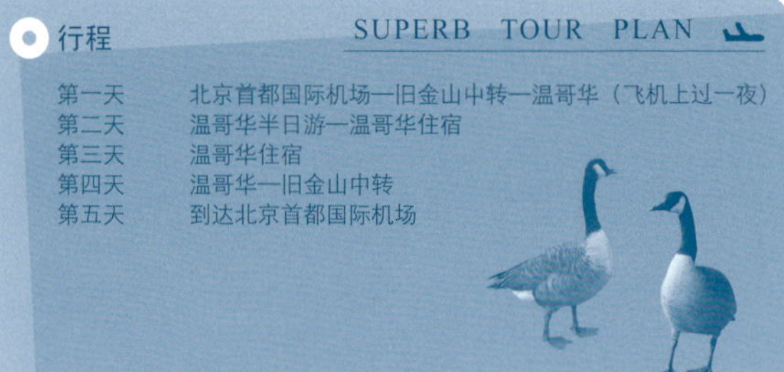

行程　SUPERB TOUR PLAN

第一天	北京首都国际机场—旧金山中转—温哥华（飞机上过一夜）
第二天	温哥华半日游—温哥华住宿
第三天	温哥华住宿
第四天	温哥华—旧金山中转
第五天	到达北京首都国际机场

推荐旅行季节

夏季

在能享受晴天和森林浴的7月到9月份去这里吧。冬季在11月30日到1月4日的时候（2013—2014年）可以看到装饰着霓虹灯的吊桥。走在被各色霓虹灯装饰的吊桥上真的是一件非常浪漫的事情。

旅行预算

大约**2**万人民币

包括飞机票，机场酒店接送，住宿，燃油费。

旅游须知

除了最有名的吊桥之外，搭建于树与树之间的“树径”“树顶冒险”“森林浴”都是非常好玩的景点。为了能充分享受行走在悬崖小路的乐趣，大家一定要穿方便行走的运动鞋和服装。夏季去的时候，最好带点防虫剂，穿上比较薄的衬衫。

如果时间允许的话，大家可以去2010年冬奥会举行地点，北美最大的滑雪胜地——惠斯勒去看看。滑雪季节的时候，游客的数量自不必提，夏天的时候，作为避暑胜地，游客也非常多。推荐大家去旅游的时间是5月中旬到9月中旬，因为在这期间，大家可以体验到洛基登山公司限时运营的观光火车。从北温哥华出发后，你可以在海平线上欣赏到什么叫作“海天相连”的景色。除此之外，你还可以看到落差达到335米的香浓瀑布，这趟旅行是不会让你失望的。

以香浓瀑布为终点，漫步于丛林之中也别有一番风味。

景色迷人，索道刺激惊险

景点去程

在湖南省张家界市中心的南站附近就可以登上天门山索道了。它不是位于世界遗产的武陵源风景区，而是位于张家界市南边的天门山国家森林公园。在走向有999级台阶的天门洞途中，你可以在索道中途的公交站下车。此外，大家还可以乘坐免费开往天门洞的公交车，地点位于车站前面。

真棒！中岛 Martha

我去旅游之前，还不知道这里有这样摇晃的地方。光是看着就觉得索道特别美丽，空气也特别清新。此外，好像还有恋人去了就能永远在一起的景点，强烈推荐恋人们去看看。这里真的太美了。我个人想向大家推荐爬据说有999级台阶的景点，位置应该在索道的尽头（记得不太清楚了）。等你爬完台阶之后，会感到无比地有成就感。下山的时候，会有下山的公交车，上山也应该有公交车吧。

也可以去北京看看

行程　SUPERB TOUR PLAN

第一天	北京首都国际机场—张家界—天门山
第二天	天门山—张家界（住宿）
第三天	张家界—北京首都国际机场

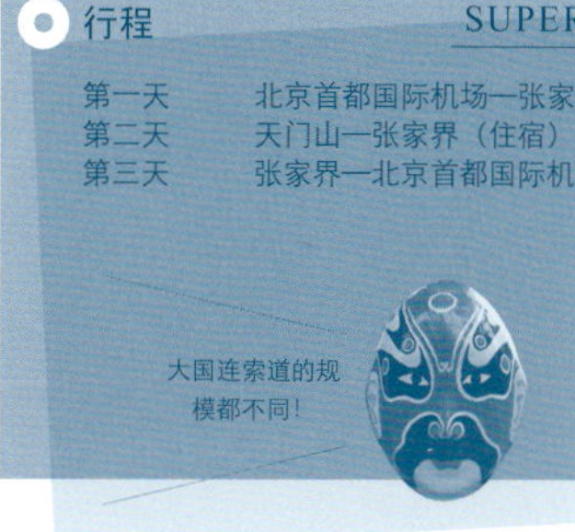

大国连索道的规模都不同！

真棒！武井健一先生

真厉害，太美丽了。在索道之中，还有考虑到安全型的摇晃场所。在缆车中，我吓得一下子抱住了女导游的腰。此外，还有直达山顶附近的山里通道。就像是在玩杂技似的。附近的张家界还有悬空300米左右的电梯，大家可以试一试！！！

推荐旅行季节

4月到10月

属于亚热带平原气候，年平均温度在16度左右，特别宜人。推荐大家在4月到10月份期间过去。虽然7月的时候雨水较多，可是雨后的森林烟雾缭绕，充满梦幻的色彩。冬天的时候，也可以过去，冬天的雪景也别有一番风味。

旅行预算

大约2800元人民币

路费：往返2000（机票+燃油），其他交通花费 50元（机场大巴、旅游专线），住宿费200元（100元×2天），餐饮200元，景点300元（门票、旅游车、索道及森林缆车费用），其他50元，合计2800元。

旅游须知

去张家界有名的景点天门山的话，一定不要忘记带相机过去。同时有恐高症的游客需要注意一下，因为去山顶的途中，会有一段路几乎是悬空的。天门山索道全长7455米，山顶车站的海拔约1279米，摇晃感特别强烈。山顶和张家界市中心的温差差不多有10摄氏度，大家要做好服装的选择。此外，下雨的时候，路特别滑，大家最好是穿防滑的鞋。

也想来这里看看

如果时间充裕的话，推荐大家去张家界国家森林公园、武陵源去看看。以索溪峡自然保护区和天子山自然保护区为主体的自然保护区已经被认定为世界遗产了。在保护区里有独特的石柱、珍稀动植物，被认定是中国一级和国家级动植物保护中心。

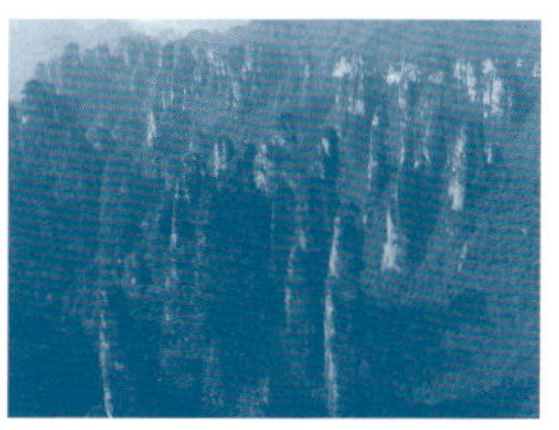

作为世界遗产的武陵源气势磅礴。

天门山风景区内景点众多，且各具特色。通天大道，蜿蜒而上；天门索道，高耸刺激，皆不可错过。来到这大自然鬼斧神工之处，一定要卯足体力，才能玩得过瘾。晚间还可以一赏《天门狐仙》大型实景演出，这是将人文与自然完美结合的经典演绎。

绝景 34

蓝色清真寺

土耳其

位于首都伊斯坦布尔的宗教设施。里面主要是以青瓦和彩绘玻璃装饰而成的。阳光照进室内，都会被反射成青色的，给人一种神秘之感。在世界所有的清真寺中被称为“最美的清真寺”，其正式的名称是苏丹艾哈迈德清真寺。

绝景 35

名花之乡

日本

位于日本三重县北部，和爱知县交界的一个度假公园。冬天的时候，公园里会亮起霓虹灯，大约有700万只（2012年一整年合计的总数）灯泡。灯泡的数量连续7年位列日本第一，是被称为日本第一美的霓虹灯景点。

睡在中间，仰望着青色的天窗

（※安安静静的！）

景点去程

从中国可以乘坐直飞伊斯坦布尔的航班。去的时候需要10-12个小时。从机场可以坐地铁1号线到苏丹艾哈迈德站，约1个小时，之后从苏丹艾哈迈德就可以直接走到蓝色清真寺。圣索菲亚大教堂、托普卡珀宫殿离苏丹艾哈迈德站都很近。

真棒！岩井富成先生

我是去伊斯坦布尔出差，因为很喜欢这个地方，在逗留期间，来这里参观了几十次。坐在毛茸茸的地毯上面，仰望着巨大的屋顶和支撑着屋顶的4根大柱子的同时，心里还在想着究竟这样的建筑是怎样建造出来的。

真棒！增野菜穗美先生

三年前去的，如果时间允许的话，想在那里待一辈子！

行程　SUPERB TOUR PLAN

第一天　北京首都国际机场—伊斯坦布尔中转—开塞利或者是内夫谢希尔—卡帕多西亚（住宿）

第二天　卡帕多西亚（住宿）

第三天　开塞利或者是内夫谢希尔—伊斯坦布尔（住宿）

第四天　伊斯坦布尔

第五天　到达北京首都国际机场

真棒！佐仓爱惠美小姐

我是在过年的时候去的，地毯是郁金香的花纹，特别漂亮。

推荐旅行季节

夏季

虽然蓝色清真寺一年四季都可以参观，可是还是建议大家在5月到10月的夏季过去看看。

旅行预算

大约**1.8**万人民币

包括飞机票（经济舱），当地接送，卡帕多西亚洞窟酒店一天的住宿费，伊斯坦布尔两天的住宿费。不包括吃饭的费用和燃油费。

旅游须知

每周五上午做礼拜的时候，只有伊斯兰教信徒才能进去。游客的入场时间规定如下，夏天的时候一般是下午两点以后，其他季节一般是下午一点以后。一般在进去的时候，是不能穿露出皮肤的服装的，特别是女性，必须要用围巾将自己从头到脚包好，不露一点肌肤。在进口处虽然可以租到围巾，可是考虑到卫生问题，建议大家还是携带自己的围巾比较好。

伊兹尼克瓷砖是因采用大量的蓝色花纹而出名的，蓝色清真寺中除了大量使用美丽的伊兹尼克瓷砖之外，指向蔚蓝天空的6根尖塔也能给你心灵以震撼。在其周围，有许多的餐厅和酒店，如果时间允许的话，推荐大家选择一个靠窗的位置，边吃饭边欣赏美丽的蓝色清真寺。

如果时间很充裕，有8天的话，可以去周游纯白的棉花堡，爱琴海最大规模的古罗马遗址——以弗所遗址，因木马传说而出名的特洛伊古城遗迹，等等。

边看着蓝色清真寺边吃饭是最高的享受。

想走完用200万个霓虹灯装饰的通道

景点去程

可以乘飞机到达名古屋，再乘坐巴士，大约40分钟之后就能到达。

真棒！新婚小姐

我什么时候都能去。这个地方真的很特别，还没有去的人一定要过去看看。顺便说一下，下雨的时候，人比较少，方便一个人漫步在公园之中，雨过天晴之后被雨水清洗干净的树叶闪闪发光，别有一番风味，我最爱雨过天晴之后过去看看。

真棒！实步林先生

下雨天来这里真是太棒了，潮湿的地面也在闪闪发光呀。

行程　SUPERB TOUR PLAN

第一天　北京首都国际机场—名古屋观光（住宿）

第二天　名古屋坐巴士去名花之乡—坐巴士回名古屋—名古屋（住宿）

第三天　名古屋—北京首都国际机场

面条、味噌汤、鳗鱼饭等，都是名古屋的代表性食物！

推荐旅行季节

冬季

建议大家冬季的时候过去，在冬季，你可以有很多的景点观看，比如号称日本最大规模的水上霓虹灯，大约有200万个霓虹灯装饰的通道，还有光之云海，等等。

旅行预算

大约4000元

包括新干线，巴士的车费，住宿费，名花之乡的门票费。

旅游须知

在欣赏冬季的霓虹灯的时候，不要忘记保暖哦。

如果时间充裕的话，可以追加一天的行程，去伊势看看。在伊势神宫不仅可以看到迎接神明搬家而准备的内宫和外宫，还能看到其周边的二见岩，热田彦神社等。

在这里逗留一天的话，能看到更美的景色。

第三天去拜访一下伊势神宫，满载神圣的能量回去吧。

绝景 36

三游洞 悬崖餐厅

中国

位于湖北省的一个餐厅。建在面临着悬崖的三游洞洞窟里面。因唐代著名诗人白乐天在洞窟里面吟诗而被世人广泛了解。在这里，你可以在悬崖伸出的一角上边吃饭边欣赏美景。

绝景 37

帕特斯沃尔德湖泊

荷兰

位于荷兰北部格罗宁根州的湖泊。冬天的时候，湖泊会冻住，形成冰道。每年都有数百万的滑冰爱好者在这条超过10千米的长长的冰道上参加滑冰旅行。

绝景36　三游洞 悬崖餐厅 中国

窗外是水墨画一般的景色

景点去程

这个神奇的餐厅是真实存在的，它位于湖北省西部、长江之滨的都市宜昌附近。距离宜昌大约只有10千米的路程。

在宜昌站的东山大道上的移动通信广场站乘坐10路车，大约30分钟之后就能到达。在三游洞下车后，步行50米左右，就来到了售门票的地方。在那里买一张门票，就可以进入景点。刚进去就可以看到横跨长江的吊桥。对面就是我们的目的地——望江楼，如果不亲自过去的话，不知道在餐厅里可以吃到什么东西。

相传唐元和十四年(819年)，白居易、白行简、元稹三人会于夷陵(今湖北宜昌)，同游洞中，各赋诗一首，并由白居易作《三游洞序》，写在洞壁上，三游洞即由此而得名，这是人们所谓的“前三游”。到了宋代，著名文学家苏洵、苏轼(东坡)、苏辙父子三人，也来游此洞，各题诗一首于洞壁之上，人们称之为“后三游”。

在长江上游悠闲地消磨时间。

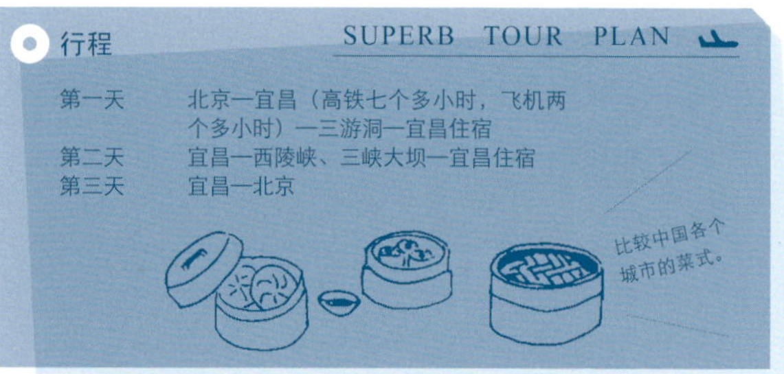

行程

SUPERB TOUR PLAN

第一天	北京—宜昌（高铁七个多小时，飞机两个多小时）—三游洞—宜昌住宿
第二天	宜昌—西陵峡、三峡大坝—宜昌住宿
第三天	宜昌—北京

比较中国各个城市的菜式。

推荐旅行季节

春季

宜昌地区属于亚热带雨季湿润气候，气候稳定、宜人。年平均气温约17摄氏度。其中最适合观光的季节是春季，在这里你可以边享受美食边欣赏犹如水墨画一般的景色。

旅行预算

大约2300元人民币

路费：约1500元（飞机或动车往返），
其他路费 200元（包括机场巴士、旅游线路）
住宿：200元（100元×2晚）
餐饮：200元
景点：三游洞78元，三峡大坝105元，西陵峡免费
合计：约2300元

旅游须知

下了车之后，会有拉客的人，大家要注意一下。同时它真的是在悬崖上建造的餐厅，有恐高症的人要有所准备。同时，在吊桥、栈道上如果东西掉下去的话，一般都是无法找回的，所以钱包、相机等贵重物品要自己保管好。

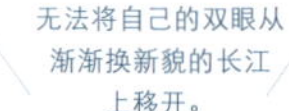

无法将自己的双眼从渐渐换新貌的长江上移开。

也想来这里看看

来到这里的话，可以顺便参观一下三峡大坝。三峡大坝是在风光秀丽的长江中游修建的世界规模最大的大坝，预计是在与重庆市相接的宜昌市三斗坪处修建完成。

长江流域有许多的工业、商业城市，现在依然在持续发展中。

环球九个奇妙的洞穴餐厅，中国只此一家。三游洞悬崖餐厅依照崖壁的走势而建，远观之下浑然一体，颇富意境，值得一去。

完全没有扶手的地方，在这里进行集训吧

景点去程

一般都是从荷兰首都阿姆斯特丹坐火车去格罗宁根。从北京首都国际机场就有直飞阿姆斯特丹的航班，航程约10个小时。从阿姆斯特丹的史基浦机场到格罗宁根大概需要2个小时10分钟，从阿姆斯特丹的中央火车站去的话，时间和火车票的价格都差不多。所以大家可以在阿姆斯特丹和帕特斯沃尔德湖泊之间参加当天可返回的一日游。荷兰的铁路交通四通八达，可以愉快地享受到铁路之旅的乐趣。帕特斯沃尔德湖泊在距离格罗宁根市中心大约8000米的地方，不管是坐出租车还是公交车都很容易到达。

能在运河里享受坐船航行的乐趣。

能够感受到以前辉煌成就的古都。

行程　SUPERB TOUR PLAN

第一天	北京首都国际机场—阿姆斯特丹（住宿）
第二天	阿姆斯特丹—坐火车到格罗宁根—帕特斯沃尔德湖泊—格罗宁根—坐火车回阿姆斯特丹
第三天	运河航游国家美术馆、梵高美术馆—乌得勒支市内观光—阿姆斯特丹（住宿）
第四天	阿姆斯特丹
第五天	到达北京首都国际机场

推荐旅行季节

冬季

只有在冬季才能享受到湖水冻结而形成的冰道。每年2月份的时候，都会在这里举行滑冰大赛，吸引了来自全球各地的游客前来观看。由于其纬度较高，冬天的时候，太阳很早就落山了，气温比较低，可是在火车上，室内的暖气效果特别好，特别舒适。

旅行预算

大约**1**万人民币

包括飞机票，燃油费，出入境税，住宿，火车（二等座）。

旅游须知

在湖上体验冰道的时候，不要忘记戴防寒用的手套和帽子等物品。最好还穿一件防风的外套。此外，要记得穿防滑易走的鞋子。荷兰的暖气设备特别先进，所以要记住携带比较容易脱和穿的衣服。欧洲的大城市好像都是这样，在中央火车站等人群密集的地方，小偷也比较多，大家在平时的行动中要注意保管好自己的贵重物品。从阿姆斯特丹出发参加一日游的时候，大家最好是背一个双肩包装东西。

也想来这里看看

如果要在欧洲各国周游的话，推荐大家使用火车，坐一次欧洲火车之旅。从阿姆斯特丹到比利时的布鲁塞尔坐高铁的话只要2个小时左右。如果时间充裕，可以在阿姆斯特丹再停留一天的话，可以以阿姆斯特丹为出发点，享受一日游的乐趣。

在荷兰国内，阿姆斯特丹也是一个重要的铁路交通枢纽，在这里你可以出发去很多地方看看。如果是冬天的话，在日本都不需要提前在网上订火车票，当天去阿姆斯特丹的中央火车站就可以买到票。

如果对传统风景感兴趣的话，推荐大家可以去阿姆斯特丹郊外看看，在那里你可以参观风车和木靴的制造过程。大家根据自己的爱好，好好地规划一下自己的旅行吧。

LAGO
TITIKAKA
900 m

EGYPT
مصر

INCA
KOLA

Hostal
520

MONEY
EXCHANGE
DOLARES
SOLES
PESOS ARGENTIN
CELULAR
FOTOCOPIAS
コピー
COPY
PHOTOCOPY
TOILET

绝景 38

瓦卡奇纳绿洲

秘鲁

位于秘鲁西南部沙漠里，临近小池塘的小村。这里依然还流传着这样的传说，说当地公主由于在洗澡的时候，被别人偷窥了，最后变成了美人鱼隐藏在水底。现在当地的村民主要还是用池塘的水作为生活用水，据说有一天这个池塘会干涸。

沙漠中突然出现的绿洲就像是好莱坞电影一样

景点去程

去瓦卡奇纳的话，首先要在秘鲁的利马坐高速巴士去伊卡，如果中途不停车，大约需要4个小时的车程。有两家汽车公司都跑这条长途路线，要选择离自己乘车时间最近的大巴。从伊卡到瓦卡奇纳大约是15分钟的车程。由于当地的物价比较低，为了保存体力，建议大家不要坐巴士，改坐出租车比较好。

其首都利马是现代化的大都市。

行程

SUPERB TOUR PLAN

第一天	北京首都国际机场—阿姆斯特丹—利马（住宿）
第二天	利马—乘坐高速巴士到伊卡—坐出租车去瓦卡奇纳
第三天	瓦卡奇纳—伊卡—利马（住宿）
第四天	利马—亚特兰大中转
第五天	到达北京首都国际机场

当地物价比较低，大家可以随心所欲地使用车租车。

真棒！沙良良小姐
我去过那里啦。根据季节的不同，颜色的深浅还不一样，真是太神奇了。此外，那里有一种特别受欢迎的水果，大家都结伴去采，去的途中，在和大家的闲谈中学到很多知识。此外，我们是坐越野车去的哦，太刺激了。

真棒！今崎绫子小姐
在这里我体验了沙漠之舟，绿洲也可以非常漂亮的嘛。

推荐旅行季节

夏季

最好的旅游季节是7月到9月，该地是不怎么下陷的沙漠地带。

旅行预算

大约**2**万元人民币

包括飞机票，出入境税，住宿，巴士交通费。

旅游须知

该地昼夜温差很大，一定要携带可以保暖的披肩等衣物。

也想来这里看看

到瓦卡奇纳的话，一定要去纳斯卡看著名的地上彩绘。另外，如果时间允许的话，最好再去库斯科看看。在那里等着你的是天空之城马丘比丘！好不容易来到南美洲，不看这些景点的话，实在是太可惜了。

纳斯卡、库斯科、马丘比丘一个都不能错过。

4

吉萨大金字塔

文：诗步

我是一个历史爱好者。

我从小就特别喜欢历史，从上小学开始就特别喜欢读关于历史方面的书。

在知道从数千年以前就有和自己一样生存着的人类的时候，我就特别开心，光是想想，我幼小的心就会感觉很激动。

最让我的心扑通扑通跳的地方就要数埃及了。

我在20岁的时候，作为一名志愿者去了埃及，圆了自己的梦。

埃及真不愧是一个沙漠王国。

一出机场，就感觉喉咙特别干，好像一下子吸入了许多灰尘似的。那些灰尘似乎是为了和我们打招呼才这样亲近我们的。当时的我，还没有注意到这些灰尘会变成万恶之源。

首先，我们要去的就是吉萨的三大金字塔。在相隔10千米左右的远方就能隐隐约约看到金字塔，越走近就越发现金字塔慢慢地变大了。

在门口买了门票，大家都争先恐后地跑向了金字塔。

在气喘吁吁之后，我终于到达金字塔的旁边，抬头看的时候，完全看不到几分钟前还能看到的金字塔顶端。

本来应该是尖尖的金字塔顶端，在其底下抬头看的时候，只能看见一条水平线，根本看不出来其原本的形状。

金字塔就像是一直通往天堂一样，最顶端就像没有尽头的台阶。

被金字塔的壮观震撼之后，我就想和建造金字塔的小岩石比比身高，从远处看起来是一颗很小的石头，结果走近一看，居然和155cm的我差不多高，一个岩石的重量在1吨左右，整个金字塔估计是由120多万个这样的小岩石堆积起来的。

我不禁想古代的皇帝到底是怎样考虑才建造出这样的建筑？当时为了建造这样的建筑，究竟死了多少人？至今都是未解之谜的金字塔内部里究竟埋藏着什么？而现在的我却处于这样一块谜一样的土地上，多么地不可思议！

每当想到自己现在正在走的道路上，凝结了古代不知多少人的汗水和血水的时候，我的内心就无法平静。

但是，在感受古代之谜的时候，我也被埃及的力量打倒了，由于沙漠太干燥，沙尘总是跑进嘴里，这样影响了喉咙，最终我华丽丽地发烧了。

之后的地中海之游和穆罕默德•阿里清真寺之游的时候，我都是戴着口罩坚持着，被不戴口罩的当地人和其他游客狠狠地嘲笑了。

历史爱好者诗步在这里发誓，下一次我一定还要过来，洗刷自己的这次耻辱。

大家一定要小心尘沙，经常漱口。同时想进入金字塔里面参观的游客可以参加当地的旅行团，但是有的旅行团并不入内，大家在确认好信息之后，再申请哦。

狮身人面像居然是一个相对来说比较小的景点！

绝景 39

纽伦堡圣诞市场

德国

在这里，你可以看到欧洲各地在准备圣诞节时的样子。在游客当中特别有人气的圣诞市场主要集中在德国。纽伦堡圣诞市场被称为“世界上第一有名”的圣诞市场，在广场上到处都是圣诞店铺，霓虹灯闪烁不停。

绝景 40

圣米歇尔礼拜堂

法国

位于法国中南部城市勒皮的礼拜堂。建在高约82米的山岩顶山，站在上面，可以将整个城市尽收眼底。在市里面还有一块和其差不多的石头，就像是站在它面前的圣母玛利亚像一样。

想迎接激动人心的圣诞节

景点去程

纽伦堡位于慕尼黑和法兰克福的中间，既可以乘飞机去也可以坐火车去。坐飞机一般都是飞到慕尼黑或是法兰克福，然后再转乘ICE特快列车，如果是在慕尼黑出发的话，大约需要1个小时，从法兰克福出发的话，大约需要2个小时。

想看看真正的圣诞节。

真棒！小沢先生

去年去的，去那里的游客可以好好品尝一下当地的热葡萄酒。

行程

SUPERB TOUR PLAN

第一天	北京首都国际机场—直飞航班或是在欧洲中转—慕尼黑住宿
第二天	纽伦堡圣诞市场—乘ICE特快列车到慕尼黑—市内观光—慕尼黑住宿
第三天	慕尼黑—直飞航班或者在欧洲中转
第四天	到达北京首都国际机场

可以将热葡萄酒酒杯作为圣诞礼物送给自己的朋友。

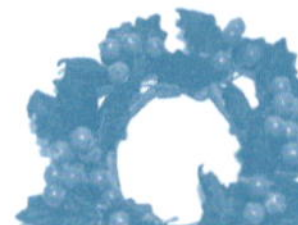

推荐旅行季节

11月末到12月末

这个市场从17世纪就开始存在了，有其独特的传统和模式，在全世界范围内都特别出名。建议大家在11月末到12月末过去参观，因为在这段时间，你可以看到古典的街道被霓虹灯照亮的美丽情景。

旅行预算

大约1.2万人民币

包括飞机票，ICE特快列车（二等座），住宿费，餐费，燃油费不包括在内（以11月下旬为例）。

旅游须知

圣诞节时期，当地的气温已经非常低了，一般都在零摄氏度以下，此外，犹如梦幻世界般的霓虹灯一般都是在太阳落山之后才点亮的，所以，大家在观赏霓虹灯的时候一定要做好保暖措施。像大衣、围巾、手袋这些防寒物品一定要随身携带。虽然一天当中的温差特别大，可是在室内的话，由于当地的暖气非常发达，效果特别好，所以最好是穿那种容易脱的衣服。此外，这段时间，来自全球各地的旅客都聚集在这里，广场上到处都是人，大家要保护好自己的贵重物品，防止被盗。

纽伦堡的中央广场上有很多卖圣诞曲奇和香肠的小摊子，那些小摊子上聚集了很多的人，特别热闹，建议大家可以买一个装当地的特产热葡萄酒的杯子带回去留作纪念。

此外，如果去德国的话，一定要去浪漫街和新天鹅堡看看。

被称为中世纪的宝石箱的罗腾堡，据说是浪漫街中保留最完整的中世纪街道，在这里可以看到德国中世纪时最真实的一面。

路德维希二世倾尽一生所建造的新天鹅堡是一座装饰极其奢侈的皇家别院。在这里你可以看到出现在著名歌剧《帕西法尔》中的壁画。

绝景40　圣米歇尔礼拜堂　法国

登上长长的台阶，体验悠久的历史

景点去程

从中国出发，乘坐飞机在巴黎中转，到达里昂，之后再从里昂出发，乘坐火车去目的地是最方便的方式。从里昂到勒皮大约是两个半小时的车程。从巴黎出发也可以过去，先从巴黎乘坐高铁TVG到圣艾蒂安，之后再转一次车就可以了（大约需要四个半小时）。既然来到法国中南部旅游的话，建议大家最好还是将巴黎和法国南部转一圈比较好。然后要好好计划一下自己的行程。究竟是在里昂住宿白天去勒皮，还是在勒皮住宿好好地游玩一天？

真棒！下津佐勉先生

我是去年去的。这里的侧面有台阶，大家可以登上去。勒皮大教堂的圣母玛利亚像，这个礼拜堂的玛利亚像都特别传神，让人深受感动。

在欣赏美景的同时最好还是去巴黎和里昂看看，你绝对不会后悔的！

行程　SUPERB TOUR PLAN

第一天	北京首都国际机场—巴黎中转—里昂住宿
第二天	里昂—坐火车到勒皮—圣米歇尔礼拜堂观光—坐火车回里昂
第三天	里昂市内观光—坐TVG回巴黎
第四天	巴黎市内观光
第五天	到达北京首都国际机场

推荐旅行季节

这里一整年都可以参观，特别是夏天的时候，非常热闹。只是通往礼拜堂的道路上有台阶（总共有268级，大约需要10分钟），所以最好避开下雪季节。在这里，还有很多其他的景点，像巴黎圣母院，建造有巨大圣子圣母像的高乃依岩石山，11世纪的罗马样式的走廊，等等。如果要体验勒皮安静的氛围的话，建议大家在11到12月期间过来看看。那时的机票和费用几乎是黄金时期的一半。

旅行预算

大约**1.3**万人民币

包括飞机票，出入境税，住宿（3星级宾馆），当地交通费（预约座位），燃油费（以8月26日出发5天3夜为例）。

旅游须知

如果打算在法国主要使用火车的话，要事先决定到底是在中国提前买好火车票，还是在当地临时买。如果是在假期或是圣诞季节去旅行的话，建议大家先在中国提前预定好车票，虽然会贵一点，但是这样做的话不会存在买不到票的风险（可以网上预订）。此外，就算是夏天，去礼拜堂的时候，也要穿正式一点，不能穿得太暴露。

勒皮位于圣地亚哥-德孔波斯特拉朝拜路法国境内的勒皮路段的始发点。如果大家时间充裕的话，还可以去南比利牛斯走走，那里也非常有趣。旅行的终点是圣地亚哥大教堂，行程大约是1522千米，据说过去的人们一般会花上65天左右的时间才能到达，为了以防万一，大家还是要充分准备好自己的装备。

如果之后还能追加一天的话，大家要考虑考虑究竟是在巴黎游玩还是在里昂游玩。法国周日的时候，很多店铺都是不营业的，想要购物的游客要提前确认时间了。此外，星期一的时候奥赛博物馆也不迎客，所以，如果想要参观美术馆的话，大家要提前确认好其开馆和闭馆的时间。

如果是在里昂停留的话，推荐大家可以去离里昂比较近的阿维尼翁、阿尔勒等具有典型南部法国气息的街道看看。从里昂到阿维尼翁坐TGV高速列车的话只要1个小时就可以到达，车费在30欧元左右。阿维尼翁是一个十分值得观光的城市。

绝景 41

萧安

摩洛哥

位于摩洛哥北部、西班牙边境的旧城市。在犹太教徒征服这座城市的时候，将整个城市涂成了犹太人喜欢的色彩——蓝色。所以，直到现在，整个城市都是以蓝色为主要色调。此外，在这里，连门和花盆都是蓝色的，很容易让人陷入自己正处于童话世界的错觉当中。

绝景 42

弗里希利亚纳

西班牙

位于西班牙南部安达卢西亚的一个小村庄。村庄的墙壁是统一的白色，被称为“西班牙第一美丽的小村”，在蓝天、白墙的相互映衬之下，散发着迷人的气息。

想要穿着蓝色的衣服，融入到这片蓝色的“海洋”之中

经由迪拜去卡萨布兰卡。

景点去程

首先要去相当于摩洛哥大门的卡萨布兰卡。推荐大家乘坐阿联酋航空公司的航班，在中东的城市迪拜进行中转，从迪拜到卡萨布兰卡的航班每天都有，所以大家不用担心。之后在卡萨布兰卡转乘摩洛哥航空公司的航班去丹吉尔。从卡萨布兰卡到丹吉尔的话，每天深夜都会有直飞的航班，白天的时候，有时候也有下午直飞的航班。从丹吉尔乘坐摩洛哥国营的巴士CTM，三四个小时之后，就能到达蓝色小镇——萧安。

真棒！京子小姐
我是最近去的，萧安真的是太漂亮了。坐巴士的话，虽然会多花点时间，可是它真的是一座不可思议的城市。

真棒！石下佳奈子小姐
3月份去的。工作人员正将还是白色的墙壁一个个涂成蓝色。向当地的人问了一下，为什么整个城市都要涂成蓝色的，回答也是众说纷纭。

行程 SUPERB TOUR PLAN

第一天	北京首都国际机场—迪拜中转—卡萨布兰卡（在这里）使用阿联酋航空公司的话，晚上也可以出发
第二天	卡萨布兰卡—摩洛哥航空公司深夜航班到丹吉尔
第三天	丹吉尔—乘坐摩洛哥国营巴士到萧安
第四天	萧安—乘坐摩洛哥国营巴士到丹吉尔
第五天	丹吉尔—卡萨布兰卡—迪拜中转
第六天	到达北京首都国际机场

推荐旅行季节

春季秋季

推荐大家在春季（3月到5月）、秋季（9月到11月）的时候过来，一般大家都认为非洲很炎热，其实摩洛哥是一个四季分明的国家。季节温差比较大，春天在这里你可以看到树木发出嫩嫩的绿芽，秋天在这里你可以欣赏到迷人的红叶。

旅行预算

大约1.4万人民币

包括飞机票，当地交通费，机场建设费，住宿，燃油费。

旅游须知

摩洛哥中午和早晚的温差特别大。所以大家一定要带着自己的上衣。特别是萧安，由于地处山区，早晚就更加地寒冷了。比起较薄的上衣，建议大家携带风衣之类的衣物。此外，在稍微下小雨的时候，风衣还能当作雨衣来用。

也想来这里看看

去摩洛哥的话，大家一定要去卡萨布兰卡转转。卡萨布兰卡是摩洛哥的金融商业中心，是其最大的近代都市。在这里你可以看到哈桑二世清真寺、麦地那（旧街道）等景点。如果时间充足的话，大家可以去距离卡萨布兰卡大概三个半小时车程的马拉喀什看看。去马拉喀什的话，一定要看看平时和新年时一样热闹的麦地那。此外，既然来到了非洲大陆，推荐大家去体验一下骑着骆驼在沙漠中漫步、观赏朝霞的感觉。

也想去看看被称为“南方产的珍珠”的马拉喀什。

作为文化和经济的中心地，历史古城现在依然散发着生机。

单手拿着相机，漫步于犹如明信片中一般美丽的景色之中

景点去程

首先我们要去的地点是位于西班牙南部的马拉加，大家可以在巴黎、马德里、苏黎世等地方中转过去。从马拉加乘坐巴士，大约一个小时之后，就能够到达内尔哈。在内尔哈乘坐去往弗里希利亚纳方向的巴士，大约20分钟之后就可以到达西班牙最美的小村了。

真棒！风小路纯小姐

我是5月份去的。从格拉纳达坐巴士大约一个半小时，再转坐租车，10分钟之后就到达了小村。当时虽然游客特别多，可是我还是一个人静静地走到了村庄的深处，拍着自己喜欢的场景照片，那些照片真的非常漂亮。此外，当时正好处于花季，我看到了各种鲜花盛开的场景，真的是太美了。

真棒！匿名希望者

我是好几年前去的，那里的小胡同真的是太美了，大家还可以去坡上的一个酒吧看看，那儿也很不错。呀！我还想再去一次。

马拉加也是一个美丽的海港城市。

行程

SUPERB TOUR PLAN

第一天	北京首都国际机场—巴黎中转—马拉加（住宿）
第二天	乘坐巴士去内尔哈—乘坐巴士去弗里希利亚纳
第三天	弗里希利亚纳—内尔合—马拉加—巴黎住宿
第四天	巴黎
第五天	到达北京首都国际机场

推荐旅行季节

春天到初夏

虽然安达卢西亚地区是一年到头都特别温暖的地中海气候，但是推荐大家在蓝天和白云交相辉映的春天到夏天这段时间过去旅游。只不过，夏天的时候，有时候温度会超过40摄氏度，所以最好是在气候比较宜人、没有湿气的初夏时节过去比较好。

旅行预算

大约1.7万人民币

包括飞机票，当地交通费，机场建设费，住宿，燃油费等。

旅游须知

弗里希利亚纳的房屋全是白色的，对太阳光的反射率是非常高的，所以大家要做好防晒措施，太阳镜、防晒霜是必须要随身携带的。此外，当地的白天时间特别长，如果上午急着将所有景点玩完的话，下午会发现自己没有什么事情可以干了，因此大家要注意合理安排自己的时间。在阳光强烈的午后，回到酒店睡一觉起来之后，你会发现天还是亮着的。此外，在弗里希利亚纳有很多的上坡路，所以建议大家不要穿高跟鞋，要穿平底鞋。

也想来这里看看

如果时间充裕，可以再追加2到3天的话，推荐大家在弗里希利亚纳周围逛逛。在这附近有很多的景点都是值得游览的。像世界遗产阿兰布拉宫殿的所在地格拉纳达，那里残存着大量伊斯兰教文化的科尔多瓦的基塔、歌剧《卡门》的背景舞台——安达卢西亚州的首都塞维利亚，等等。大家既可以乘坐电车穿梭于各个城市之间，也可以租一辆车，进行自驾游。此外，安达卢西亚州的巴士交通也特别方便。时间允许的话，大家还可以在塞维利亚乘坐高速列车去马德里看看。

坐电车就可以到阿兰布拉宫殿！

阿兰布拉宫殿位于弗里希利亚纳的北部，好不容易来到西班牙，建议大家去看看。

绝景 43

台湾元宵节

中国

在台湾元宵节的时候所举办的庆祝仪式。台湾的元宵节相当于日本的2月下旬到3月上旬左右，数百个形状各异的灯笼带着市民的心愿，飘浮在空中，照亮了整个星空。台湾的元宵节被人们称为“世界第二大的庆典”，吸引着来自世界各地的游客。

绝景 44

河内藤园

日本

河内藤园位于日本北九州市，1977年开始私营开园。里面有20多种紫藤花竞相开放。在这里，你可以观赏到以1000平方米的大紫藤花棚为中心的梦幻的紫藤花通道和花房。最好的观赏季节是4月下旬到5月中旬。

在灯笼上写上自己的愿望，让其翱翔于天际

推荐大家去台北的夜市转转。

景点去程

举办地点每年都是不同的，2014年是在南投县中兴新村举行的。在台北西站坐上国光客运的巴士，在中兴站下车，徒步走3分钟左右就可以到达。整个行程大约需要花3个小时30分钟。

红林初子小姐

2012年偶然在台湾新北市平溪区遇到这样的庆典，那里特别漂亮，让我有一种处于长发公主童话中的错觉。大家也这样认为吧，哈哈。

中国茶、排骨饭、爱玉等台湾食物真的很好吃哦。

SUPERB TOUR PLAN

行程

第一天	北京首都国际机场—桃园或是松山机场—台北住宿
第二天	元宵节观光—台北住宿
第三天	台北住宿
第四天	桃园或松山机场—到达北京首都国际机场

和冲绳一样的亚热带气候，特别宜人。

推荐旅行季节

2月

正月十五元宵节。从元宵节开始大约举行为期两周的灯笼节。不管在什么地方举行，时间都是比较固定的，一般都是2月里举行。

旅行预算

大约 4700 元人民币

在台北停留4天

路费：直飞往返3000元（机票+燃油）、其他交通花费700元（机场大巴、捷运、客运、市区公交）。

旅游须知

南投县属于亚热带气候，虽然整年相对来说比较温暖，可是它位于山岳地带，早晚还是比较寒冷的。此外，有的酒店房间里还没有装暖气，所以大家最好带着防寒工具过去。

也想来这里看看

从中兴村坐巴士，大约30分钟之后，就可以到达草屯。在草屯坐上去埔里方向的巴士，大约50分钟后到达埔里，然后在埔里继续乘坐去日月潭的巴士，50分钟之后，就可以到达日月潭。

日月潭附近是台湾代表性的度假胜地，湖水呈暗绿色，大家一定要看看包围在晨雾当中日月潭的景色呀。

位于台湾正中间的日月潭。

去哪儿攻略给你专业的旅行指导

白天从台北到台中可以先游览草悟道、彩虹眷村、“国立美术馆”，晚上看完花灯后，别忘了到逢甲夜市品尝台湾特色小吃。

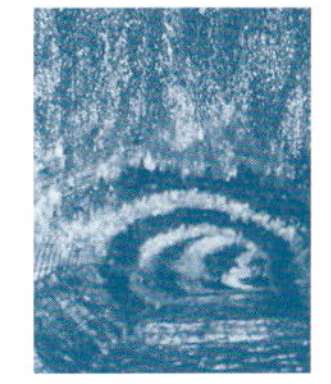

走在紫色的通道里，心情都变好了

景点去程

从中国出发，可以直飞到日本福冈机场。从福冈机场开车出发到达河内藤园，大约需要70分钟，在河内藤园里有一个可以容纳200台车左右的停车场。

如果是坐电车或是巴士去的话，可以在JR八幡站前面乘坐西铁公司开往田代方向的巴士，在河内小学站前下车，走路大约15分钟就能到。

门司港复古的建筑风街道最适合散步了。

想在小吃摊上吃碗拉面。

从天而降的紫色世界。

行程

SUPERB TOUR PLAN

第一天	北京首都国际机场—福冈机场—门司港，关门海峡参观—门司港住宿
第二天	门司港—河内藤园，太宰府天满宫—福冈中洲小吃一条街—福冈住宿
第三天	福冈—北京首都国际机场

推荐旅行季节

春季

看紫藤花最好的时节是4月下旬到5月中旬这段时间，在这期间，22种紫藤花竞相开放，让人应接不暇。此外，建议大家一定要去看看1850平方米左右的紫藤花棚和被紫藤花覆盖的通道。大紫藤花棚的枝干粗得让人不敢相信。

旅行预算

大约1万人民币

包括飞机票，租车费用，住宿（一个人住两人间的话收一个人的钱），吃饭（2天4顿），各种税收。

旅游须知

在园内有很多游客边观赏着美丽的紫藤花景，边享受着自己带来的美食。建议大家带一些便当等东西比较好。此外，紫藤花通道的地面有些高低不平，上面特意铺了些石头，所以大家最好不要穿高跟鞋。

在紫藤花下吃美食！

也想来这里看看

太宰府天满宫和柳川下城一年到头游客都特别多。在这里你可以享受到边走路边吃东西的乐趣。

太宰府天满宫附近的龟门神社作为著名设计师所设计的神社，受到人们的关注，已经重新复兴起来了。

享受边看美景边吃美食的乐趣！

绝景 45

冰酒店

瑞典

位于冰岛北部，是世界上最大的冰酒店。由艺术家们设计的艺术套房每年都用冰雕来装饰。室内温度大约在零下5摄氏度，睡觉的时候要使用睡袋。艺术套房的两人间价格大概是3000元人民币。

绝景 46

111 蓝湖

冰岛

位于冰岛的西南部，是世界上最大的露天浴场。面积约5000平方米。其采用的是地热发电站的热能，大家可以穿着泳衣进去沐浴。据说青白色的温泉水对治疗皮肤病效果特别好。

住在这样的房间里，光是睡觉的话太可惜了

景点去程

首先从瑞典的巴士站基律纳出发去郊外尤卡斯耶尔维，坐501巴士大约需要30分钟。单程的车费大约是36瑞典克朗（2013年3月份的情况）。尤卡斯耶尔维站就在冰酒店的右前方。巴士平时的时候一天发4班车，分别是早上6点，上午、下午、傍晚。周末的时候，就只发2班车，分别是上午10：30和下午2：30。

真棒！铃木秀一先生

度蜜月的时候，在这里住了一下，真的是太棒了。由于装饰房间的冰雕每年都会发生改变，因而房间也会发生改变。这也是让游客感到很有趣的原因之一 。晚上睡觉的时候，用专门的睡袋一点都不冷，冰酒吧也特别好。早上的时候，服务员端到房间来的热蔓越莓汁特别好喝。

行程

SUPERB TOUR PLAN

第一天　北京首都国际机场—斯德哥尔摩中转—基律纳住宿
第二天—第三天　基律纳—坐巴士去尤卡斯耶尔维—参观冰酒店（既可以当天返回也可以住宿）
第四天　基律纳—斯德哥尔摩中转
第五天　到达北京首都国际机场

推荐旅行季节

每年当地都会用河里自然形成的冰块雕刻成各种形状，做成冰酒店。一般都是从12月上旬开始营业（由于天气因素，有时候会推迟）到4月上旬。

旅行预算

大约9万人民币

包括飞机票，当地交通费，住宿，早饭，燃油费等。

旅游须知

除了住宿旅游之外，当天回的一日游也特别受游客的欢迎。酒店的艺术套房是由不同的设计师设计的，所以房间是不同的，各有各的乐趣。

如果从基律纳坐欧洲最北部的诺尔兰铁路去北博滕的话，你可以看到NASA所认可的阿比斯库极光站，在极光站里，你可以360度无死角地观测到美丽的极光。还有，当大家去中转地哥本哈根的时候，建议去一下当地有名的北欧杂货店——TIGER，也许会有意想不到的收获哦。

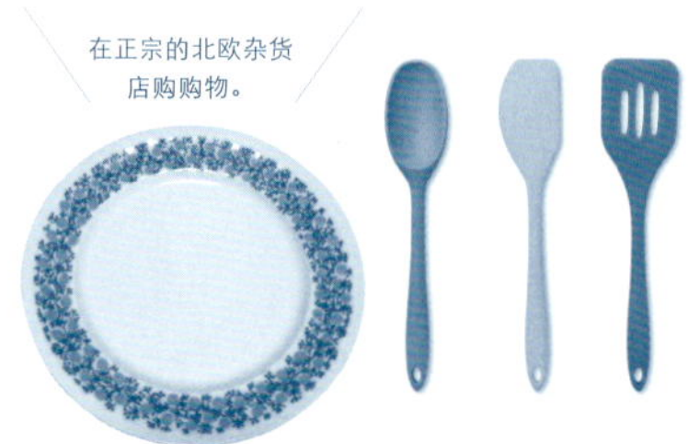
在正宗的北欧杂货店购购物。

难道只有我一个人想畅游于温泉世界

景点去程

从雷克雅未克市内出发约45分钟的车程，从凯夫拉维克机场出发的话，约15分钟的车程。在机场出发，可以乘坐市内方向的巴士进行换乘，从市内出发，有几种路线可供你选择，你既可以选择从酒店出发，乘坐往返巴士的自助游，也可以选择乘坐开往机场的大巴，然后换乘过去。

真棒！村上路里小姐
我是去年去的，可以随心所欲地游泳的温泉是最好的哦。夜晚，从酒店的房间里可以看到美丽的北极光，大家都快来冰岛吧。

真棒！NT女士
天空辽阔，一览无余，置身其中的我心情也无比地舒畅。更值得一提的是这边的护肤品特别好用。

也想顺便去黄金圈看看美景。

行程　SUPERB TOUR PLAN

第一天　北京首都国际机场—伦敦机场换乘—雷克雅未克机场(住宿)

第二天—第四天　自由行动（有多个地方可供选择，如乘坐往返巴士去蓝湖沐浴，或是乘坐游览巴士欣赏黄金旅游圈）—雷克雅未克市(住宿)

第五天　乘坐机场大巴到雷克雅未克机场—伦敦机场换乘

第六天　到达北京首都国际机场

推荐旅行季节

冬季

蓝湖周边是广阔的火山岩熔地形风貌。夏天时，到处布满了鬼斧神工似的奇石，可以体验宛如在火星上的感觉。冬天时，在一片白茫茫的世界里，可以享受露天温泉，如果运气好的话，还能看到美丽的北极光。

旅行预算

大约1.2万人民币

包括机票，当地的往返巴士，住宿，早饭，蓝湖沐浴，黄金圈观光各一次，燃油费。

旅游须知

蓝湖沐浴时需穿泳衣。虽然可以在温泉中心借到泳衣，但是那是和纸内衣差不多的简单游泳衣，所以建议大家自带泳衣，浴巾也可以租用。温泉成分里的硅、盐等元素对皮肤特别好，所以大家都特别喜欢用温泉泥搓澡。

只是，在泡澡的时候，由于皮肤会失去油性，变得皱巴巴的，所以要做好皮肤保湿工作。温泉里面随着地点的不同，温度也有所不同，请选择自己喜欢的温度尽情地享受吧。

也想来这里看看

黄金圈和蓝湖一样，是个一年到头游客络绎不绝的仙境。在这里，间歇喷泉、黄金大瀑布、太平洋板块和大西洋板块的碰撞漂移所产生的裂谷等都可以让你感受到大自然的魅力。

同时，在这儿2天1夜的旅程里，我们向你推荐冰岛北部的“午夜太阳街”之旅。乘坐巴士就可以到达的米瓦湖是一个天然的宝库，终年不结冰。在这里你可以看到在中国无法看到的像小舟一般大小的球形苔。

可以直接观看到地球的活动。

绝景 47

扎金索斯海滩

希腊

位于漂浮于地中海上的扎金索斯岛上的一个沙滩。在白色的沙滩上还留有1980年在此遇难的船的遗迹。美丽的海岸与遇难船只所散发出的神秘气息交相辉映，让人流连忘返。据说这里还是吉卜力的名作《红猪》的背景舞台。

喜欢神秘事物的我对遇难船特别感兴趣

景点去程

首先从雅典乘坐国内航班，到达约1个小时航程的扎金索斯岛。回程的时候，建议大家在雅典住宿1天。从扎金索斯岛到沉船湾海滩的话，只有乘坐巡航船才能登岸，所以推荐大家在当地参加自助游。

大家也可以在扎金索斯市内租用一辆摩托车，骑车到沉船湾海滩，单程约40千米。路途中可以在断崖的瞭望台上饱览大好风光。如果时间充足的话，也可以去看看爱奥尼亚海周围的其他沙滩。

下班后，可以乘坐晚上的航班从北京首都国际机场出发去希腊。

真棒！安西亚美小姐

我去过哦。实际上，我本来并不打算去的，只是在坐观光船去扎金索斯岛的时候，正好经过。由于大船无法靠岸，只能在不远处停着，导游对大家说："想过去的人请自己游泳过去。"于是我就游过去了，到岸上看了看，其实真的算不上是特别有名的地方。

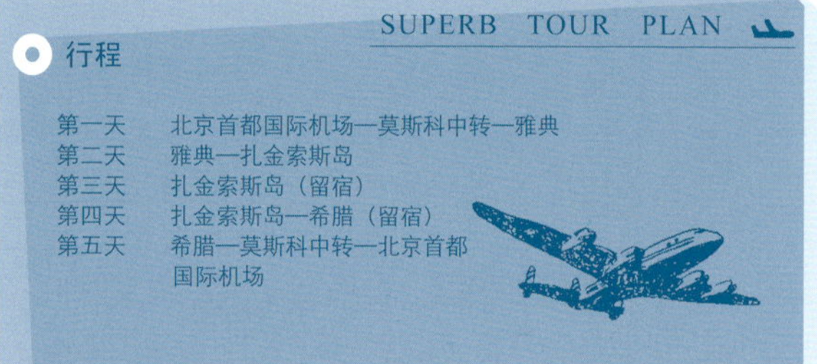

SUPERB TOUR PLAN

行程

第一天	北京首都国际机场—莫斯科中转—雅典
第二天	雅典—扎金索斯岛
第三天	扎金索斯岛（留宿）
第四天	扎金索斯岛—希腊（留宿）
第五天	希腊—莫斯科中转—北京首都国际机场

推荐旅行季节

夏季

从6月中旬到9月上旬。夏天的时候，虽然酒店和航班非常紧张，价格也稍微上涨，可是航班会增加，相对来说还是比较适合去旅行的。秋天的时候，由于游客减少，巡航船不一定每天都有，特产店也不一定营业。

旅行预算

1万人民币左右

包括机票，出入关税，住宿，机场建设费，燃油费等（以8月20日出发为例）。

旅游须知

准备好海滩物品和防晒霜。打算租用摩托车的话，要提前准备国际驾照。夏天，大家穿少点也没有关系，可是室内冷气经常调得过低，建议大家带条披肩。在乘坐飞机的时候，披肩也许能派上用场。在扎金索斯坐巡航船去沉船湾海滩的时候，如果随身携带一个小双肩包的话，会比较方便。如果打算观看遗址的话，要记得戴上帽子和穿上运动鞋之类好走的鞋子。

也想来这里看看

好不容易来到希腊，除了上面的景点之外还想去圣托里尼岛（参照第56页）和比邻世界遗产提洛岛的米科诺斯岛。如果喜欢遗址或是古希腊神话的话，不妨去克里特岛看看。

从雅典出发去爱琴海的话，有两种选择，一是乘船去，二是坐飞机去。在雅典市内，也有许多值得一看的遗址，像以巴台农神庙而出名的卫城、国立考古博物馆，等等。如果喜欢世界遗产的话，可以去雅典西北部178千米处的德尔福看看。

米科诺斯岛的夏季是世界上最热闹的地方。

5

佛罗伦萨大教堂

文：诗步

海外旅行的时候，我最喜欢的就是到达机场下飞机的那一瞬间。

我第一次有这样的感受是在19岁的夏天，那时是我第一次一个人去海外旅行。

当时的我就站在意大利罗马的菲乌米奇诺机场。

当踏入异国土地第一步的时候，就有一种强烈的感觉刺激着我的五官，让我清楚地感觉到我已经离开日本，来到了自己梦想中的目的地。这一刻的感觉真的很奇妙，我特别喜欢这一瞬间的感觉。

在这里，我想写写我人生中第一次独自海外旅游的经历——意大利的一个月之行。

第一次的海外旅行中，最大的意外居然是在日本国内发生的。

我坐上巴士，到达首都机场后，才发现弄错了，我的航班是在羽田机场起飞的。

当我意识到这个问题后，立刻又坐上高速巴士赶到羽田机场，虽然最后勉勉强强地赶上了飞机，可是对于爱好旅行的我来说，犯了一个这么低级的错误，真是太丢脸了。

我就是在这样的慌乱中开始意大利之行的，它是由两个部分构成的。

前半部分是我一个人的旅行。

我手里拿着一份读不懂的意大利地图，在各种历史遗迹和著名的地方慢慢地散步参观。比如江国香织的著作《冷静和热情之间》中出现的意大利，丹•布朗的名著《天使和恶魔》中出现的遗迹，等等。

在罗马，我看了斗兽场、真实之口、巴台农神庙、特雷维之泉等著名的景点。在佛罗伦萨看了乌菲兹美术馆、断桥等景点，在比萨看了比萨斜塔，在威尼斯看了圣马可广场。在观看这些遗迹时候，我都是慢慢地徒步行走于这些景点之中的。

由于走路走太多，脚都磨破了，可是如果只是坐在车上，随便看看的话，显得太浪费了，所以就算是累和疼，我都坚持走在遗迹当中，细心地看。

意大利最美的景点就是站在佛罗伦萨大教堂顶上所俯瞰到的整个城市的景色。

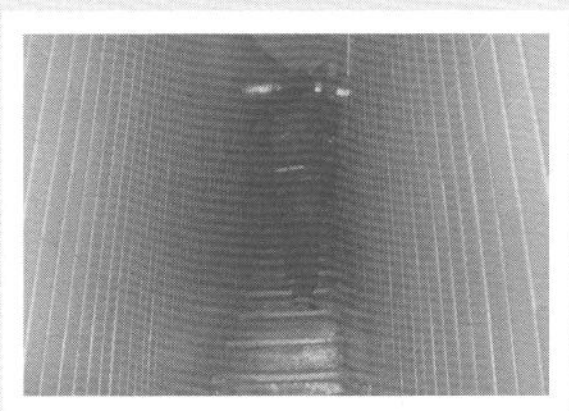

大教堂的台阶是窄窄的螺旋状，一旦走上台阶就要走到底，不能半路放弃往回走！

由于后面会有人来，所以只要你上了台阶，就不能放弃，直到将463级台阶全部走完，到达终点。在大教堂的顶部，你可以看到这样美丽的景色：一边是当地特有的红茶色建筑的居民家，一边是庄严肃穆耸立在那里的乔托钟楼。这些美丽的景色简直就像是工匠特意制作出来的模型一般美丽，我在大教堂顶部休息的两个小时里，别的事情什么都没有做，就单单欣赏着那些风景。

后半部分主要是参加国际志愿者活动。

来自7个国家总共11个年轻人，吃住都在一起，和当地人一起举行志愿活动。

在活动中，对于其他人几乎听不懂自己的英语这件事情让我受了很大的打击，即便如此，我还是通过动作、神态、手势等方式表达了自己的想法，顺利地在当地生活了两周，完成了志愿活动。

我人生第一次在海外的一个月旅行结束了，快要回到日本啦。

再次踏上日本的土地的时候，那种踏实感真的是一辈子都不会忘记。

在经历了奋战之后到达顶端所看到的美景！屋顶全是统一的颜色，这样的景观在日本是无法看到的。

绝景 48

兰德瓦瑟高架桥

瑞士

位于瑞士东部兰德瓦瑟溪谷上高约65米的石桥。行驶于阿尔卑斯山麓地带的红色观光火车——冰川特快就在这座桥上通行。这里是瑞士代表性的风景之一，还被印在了瑞士的纸币上。

绝景 49

卡帕多西亚

土耳其

位于中部安纳托利亚广阔的奇石地带。其地下据说是建于4世纪的地下城市，足足有八九层之多。里面如教堂、厨房等各种设施都有。这里的氢气球观光特别有名，你可以坐在巨大的氢气球里面，从空中欣赏庞大的世界遗产群。

穿过通道之后，等着你的是悬崖

景点去程

兰德瓦瑟高架桥是位于格劳宾登州阿尔布拉河的高架桥。开往库尔的伯尔尼特快列车，从圣莫里茨开往采尔马特的冰川特快列车等特别受欢迎的列车都在上面通行。当然，也可以乘坐那些普通的列车到这里看看。

想深深呼吸一下瑞士的空气。

真棒！冈康彦先生

前几年采风拍照的时候，去了这里。从菲利苏尔站出发，徒步大约需要30分钟。去的时候都是下坡，特别轻松，可是回来的时候都是上坡，比较吃力呀。在这里我从上和下两个角度拍摄了许多照片，此外，还拍摄了其他好几个景点的照片，真的是太美了，就算是在这里待上一天也不会觉得厌烦。

行程 SUPERB TOUR PLAN

第一天	北京首都国际机场—苏黎世（住宿）
第二天	苏黎世—海蒂之乡，迈恩费尔德参观—库尔—圣莫里茨住宿（途中经过兰德瓦瑟高架桥）
第三天	圣莫里茨—乘坐伯尔尼特快列车去蒂拉诺—圣莫里茨住宿（途中可以在高山站下车，欣赏一下风景）
第四天	圣莫里茨—苏黎世（住宿）（途中经过兰德瓦瑟高架桥）
第五天	苏黎世
第六天	到达北京首都国际机场

街道、建筑物都非常美。

推荐旅行季节

6月到10月上旬

由于其是横跨于山谷之上的高架桥，所以从生机盎然、绿意充足的6月到红叶似火的10月上旬这期间大家可以去看看。夏天的时候，大家还可以从菲利苏尔站出发，步行至20分钟路程的展望台上，一览下面的风光。

旅行预算

大约1.5万人民币

包括飞机票，住宿，早饭，停留交通费（瑞士巴士），燃油费。

旅游须知

如果想从电车的车窗捕捉电车进入隧道瞬间和桥的照片，最好是乘坐从库尔去圣莫里茨方向的电车，这趟列车的右边是最佳的拍摄地点。由于伯尔尼特快列车的车窗是无法打开的，如果直接拍摄的话，会发现自己的影子也被倒映在玻璃上，从而被拍摄进相片里面。车厢和车厢之间的窗户是可以打开的，建议大家在那里拍摄美景。

也想来这里看看

从圣莫里茨乘坐冰川特快去采尔马特的话，途中可以看到瑞士著名的马特洪峰。此外，坐在冰川特快上欣赏美景的时候，还有3种不同类型的午餐可供选择。

坐在冰川特快上欣赏马特洪峰真是太棒了。

冰川特快的午餐，你可以享受到瑞士典型的菜系和红酒。

乘着氢气球飘飘然地在空中散步，就像来到了外星球一样

景点去程

从中国没有直飞卡帕多西亚的航班，所以必须要在伊斯坦布尔中转，然后乘坐国内航班去卡帕多西亚。从伊斯坦布尔出发，乘坐国内航班大约1个小时15分钟之后，到达开塞利机场，之后从开塞利机场去内夫谢希尔机场。虽然从内夫谢希尔机场到卡帕多西亚只要45分钟，可是航班很少，从开塞利去卡帕多西亚大约需要1个小时15分钟，可是航班相对较多。

旅行社在每个机场都事先设定好接送旅客去卡帕多西亚的巴士，大家可以安心。这边的景点像格雷梅博物馆、依马克勒地下城市、各种各样的奇石群都比较分散，所以建议大家参加附带导游的旅行团。

坐在氢气球上看到的景色更加美丽。

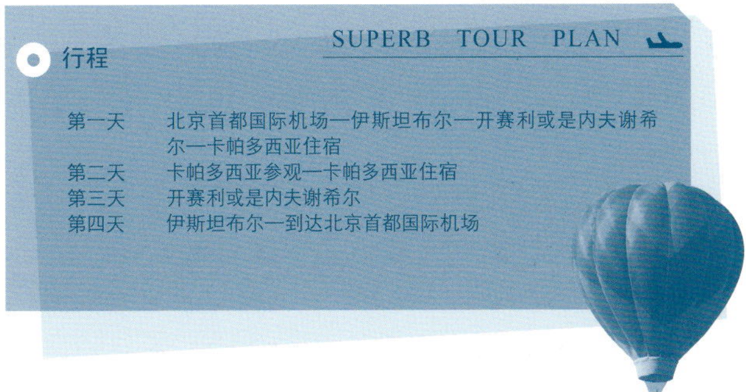

行程

SUPERB TOUR PLAN

第一天	北京首都国际机场—伊斯坦布尔—开赛利或是内夫谢希尔—卡帕多西亚住宿
第二天	卡帕多西亚参观—卡帕多西亚住宿
第三天	开赛利或是内夫谢希尔
第四天	伊斯坦布尔—到达北京首都国际机场

真棒！桥本进先生

卡帕多西亚的气球旅行真的很便宜。用专门的测量器测量发现我的气球居然上升到了400米的高空处。我不仅获得了证书，还在气球里面喝了点小酒。

推荐旅行季节

春季到秋季

虽然冬天在这里可以看到梦幻中的雪景，可是一般还是推荐大家在春秋这段时间来看看。由于天气原因，有时候，早上无法举行氢气球观光的活动，所以如果真的特别想乘坐氢气球的话，最好是在天气比较稳定的春天到秋天这段时间来。

旅行预算

大约1.8万人民币

包括飞机票，机场接送，住宿（卡帕多西亚洞窟酒店一天）不包括吃饭，燃油费。

旅游须知

夏天的时候，当地气候比较干燥，太阳光特别强烈，所以在旅行的时候，帽子、太阳镜等物品是必需的。相反地，由于其早晚气温比较低，大家最好还是带一件披肩之类的衣物。卡帕多西亚的冬天特别冷，经常下雪，如果大家选择冬天去的话，千万不要忘记带大衣、手套等防寒物品，最好还要带上雨衣、雨伞等防雨工具。

也想来这里看看

如果大家的时间比较充裕，可以有8天行程的预算的话，后面3天可以来广阔的石灰石世界——棉花堡，爱琴海最大的古罗马建筑遗址以弗所遗址，因木马传说而出名的特洛伊遗迹等地方看看。

如有8天行程的话，能看到更多的美景。

在世界遗产的棉花堡里还可以洗洗澡。

以弗所遗址的美是无法用语言形容的。

绝景 50

羊卓雍湖

中国

位于西藏自治区内海拔约4500米高的湖泊。羊卓雍湖在藏语中是“天鹅之湖”的意思。据说西藏之魂就寄托在该湖之中。碧绿的湖水中倒映着荒凉的茶色大地。

绝景 51

摩拉维亚

捷克

位于捷克东部中心第二大城市的布尔诺。远离城市中心的地方是一片肥沃的丘陵地带，宛如一片浮动着碧绿色波浪的大海一样。在夕阳的照射下，到处是一片金黄的情景，也同样特别美丽。

只有登上4500米高地的人才能看到的美景

景点去程

去羊卓雍湖的话，就必须要进入西藏的拉萨。从北京首都国际机场有很多航班可以到拉萨的贡嘎国际机场。

在拉萨，你可以租用导游和汽车，自己开车的话，拉萨距离羊卓雍湖大约150千米，开车两个小时就可以到达。

真棒！阿部秀树先生
10年前，我几乎在同一个地方边呼吸着氧气气缸，边拍摄照片。真怀念当时的情景呀。羊湖是一个美丽的湖泊。只要稍微跑一下，呼吸就会变得有点痛苦，还想再去一次呀。

行程　SUPERB TOUR PLAN

第一天　北京首都国际机场—拉萨（住宿）
第二天　拉萨—羊卓雍湖—拉萨住宿
第三天　拉萨住宿（计划）
第四天　拉萨—北京首都国际机场

去西藏比想象中更艰苦。

真棒！寒河江美智子小姐
真怀恋呀。在这里我曾泛舟于羊湖之上，还和西藏的藏獒一起拍过照片。中间突然想去厕所，可是没有去，只能使用天然的“厕所”，哈哈，去过世界上各种类型的厕所也是很有趣的一件事情。

推荐旅行季节

夏季

一年分为雨季和干季，建议大家在夏季6、7月的时候过去看看。即便是夏季，昼夜的温差还是很大。由于其海拔很高，所以日照时间长，且阳光比较强烈。比起冬天，夏天的时候去比较好。

旅行预算

大约**5200**元人民币

包括飞机票，住宿等。

旅游须知

有高血压或是哮喘病的病人不适合去西藏旅行。由于西藏的海拔较高，很多人都会得高山病。到达西藏之后，要慢慢地走，少说话，保证充足的睡眠时间。此外，夏天去的话，由于昼夜温差大，最好是带几件上衣过去。当地的阳光比较强烈，帽子、太阳镜都是必不可少的物品。

也想来这里看看

如果从西藏回到成都，时间允许的话，可以在成都游玩一天。大家可以看看武侯祠——三国时期蜀国著名的丞相诸葛亮的祠堂。

这里占地面积大约37000平方米，展示着蜀国皇帝刘备的大殿、诸葛殿、刘备墓等各种关于三国时期的遗物和文物。对于喜欢三国的人来说，这里简直就是胜地。

另外，去这里非常容易。一个人的话，从市内的酒店出发就可以了，门票费30元左右。这里的武侯祠是中国各个地方的武侯祠当中最出名的一个。

也想接触一下悠久的中国历史！

高原反应可能会给旅行带来一些困扰，提醒初入高原的你，要保证睡眠质量，常喝水，多吃水果，切勿吸烟以及剧烈运动。正常饮食而非暴饮暴食，以免增加肠胃负担。有条件也可在出行前做适应低压环境的锻炼。

就像是用神笔画出来的画一样，这真的是只是照片吗？

景点去程

摩拉维亚是指捷克东部的广大区域。去摩拉维亚的话，首先要去捷克的首都布拉格，由于没有从中国直飞布拉格的航班，所以必须在考虑好航班、预算、行程等问题之后，再选择乘坐哪家航空公司的航班。

到达布拉格之后，先坐电车去捷克东部的城市——布尔诺，在经历2小时40分钟左右的摇晃之后，就可以看到犹如画卷般美丽的丘陵景色了。由于离市中心比较远，租车自驾的话，相对来说会比较方便一点。由于该丘陵的面积真的很大，建议大家自己开着车，按照自己喜爱的速度游览比较好。

真棒！小松崎高嶺先生

我是在20世纪90年代初去旅行的。从位于奥洛莫乌茨东北部山丘上的教堂向下看到的景色就和照片一模一样，十分大气。以后如果有时间的话，我还要来这里看看。你可以在谷歌地图上面找到它。顺便说一下，我当时看到的绿色的地方是跳场。

去往千年历史古都布拉格。

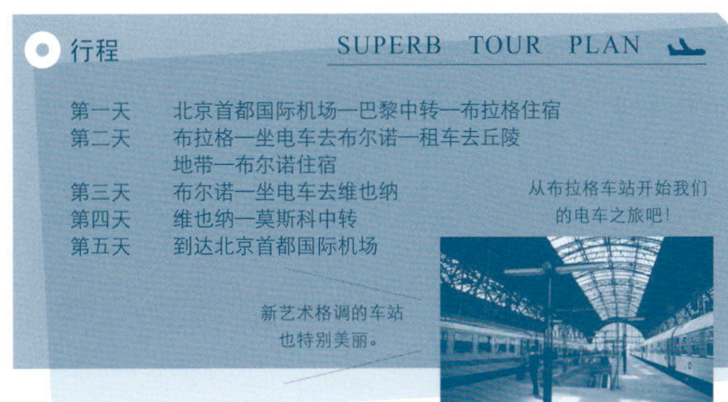

行程　SUPERB TOUR PLAN

第一天	北京首都国际机场—巴黎中转—布拉格住宿
第二天	布拉格—坐电车去布尔诺—租车去丘陵地带—布尔诺住宿
第三天	布尔诺—坐电车去维也纳
第四天	维也纳—莫斯科中转
第五天	到达北京首都国际机场

从布拉格车站开始我们的电车之旅吧！

新艺术格调的车站也特别美丽。

推荐旅行季节

夏季

捷克属于大陆性气候，和我们一样，四季分明。推荐大家从春季到秋季这段时间都可以去旅行。如果想看到绿色像绒毯一样覆盖整个丘陵的景色的话，还是夏季去比较好。捷克的夏季和我们的有所不同，气温没有那么高，且比较干燥，特别宜人。

旅行预算

大约1.4万人民币

包括飞机票，燃油费，出入境税，机场建设税，电车（二等座），住宿（以8月20日出发为例）。

旅游须知

即便是最热的夏天，捷克的温度也没有那么高，早晚还是比较冷的，大家一定要带一些上衣过去。夏天虽然气温不高，可是日照比较强烈，大家要做好防晒措施，帽子、太阳镜等东西是必不可少的。捷克是一个艺术的国度，在去摩拉维亚的时候，如果大家要在布拉格欣赏音乐的话，一定要穿得正式一点。建议大家带一套能应付各种场合的正装过去。

在维也纳有许多壮丽的大剧院。

也想来这里看看

去摩拉维亚游玩的时候，如果时间允许，推荐大家去捷克的首都布拉格看看。至今还保存着中世纪欧洲街道特征的布拉格历史区域，只要你在街上随便走走，也许就能碰上无比美丽的景色。那样的历史景色会让你有种时间静止的感觉。

此外，从布拉格到维也纳坐火车的话，大约2个小时就到了。大家可以顺便去维也纳看看。维也纳和布拉格一样，都是可以让人体验到中世纪历史的城市。同时维也纳也是音乐名家辈出的城市，像莫扎特、舒伯特等等，在这里，你可以放松心情听一场美妙的音乐。

如果时间不是很赶的话，推荐大家坐着火车去看看中东欧的城市如布达佩斯、萨尔茨堡等等。使用在欧洲5个国家捷克、斯洛伐克、奥地利、波兰、匈牙利通用证周游中东欧是最好不过的事情了。

绝景 52

九寨沟

中国

位于中国的腹地，四川九寨沟县内的湖泊群，1970年被发现，1992年被认定为世界遗产。五彩池是在众多的湖泊中被认为是最美的湖泊，站在五彩池的边上，你可以清楚地看到深30米左右的湖底的水草和岩石，湖水的透明度特别高。

绝景 53

竹田城遗迹

日本

日本战国时代由山名宗全等人建设而成，位于日本朝来市的一座古城。秋冬期间，由于经常起雾，整座城在雾中时隐时现，充满梦幻，因而有许多游客在很早的时候，为了看到这样的景色慕名而来。因飘浮于空中的云雾特有的美被人们称为“天空之城”。

碧绿得让人不得不信这里住着妖精

景点去程

北京有直接到九寨沟黄龙机场的航班，也可以坐飞机到成都，再从成都坐车到九寨沟，从成都坐车到九寨沟的话，需要七八个小时，推荐大家还是坐飞机去比较方便。只需要3个小时就可以直接从北京到达海拔约3000米的九寨沟黄龙机场了。

从黄龙机场出发，大约2个小时的车程之后，就到达了九寨沟的山麓地带。在这里你能看到无与伦比的美丽景色。

回来的时候建议大家坐车去成都，去成都的景点逛逛，看看熊猫，还有很多四川美食等着你哟！

真棒！武三先生
特别漂亮，从上到下一步步地走，或乘巴士都可以享受到美景。

行程

SUPERB TOUR PLAN

第一天	北京首都国际机场—九寨沟
第二天	九寨沟观光
第三天	九寨沟—黄龙—成都住宿
第四天	成都住宿
第五天	成都—到达北京首都国际机场

在北京或上海中转时，也可以顺便看看北京、上海的风光。

在成都和熊猫见见面吧。

推荐旅行季节

5月到10月

建议大家在5月到10月期间去看看。一直到8月翡翠湖周围都是被茂密的树木覆盖，大家可以在这里享受到森林和湖泊的神秘之感。9月中旬到10月是观赏红叶的季节，碧绿的湖水中倒映着美丽的红叶，分外美丽。

旅行预算

大约4900元人民币

包括飞机票，导游，当地接送，住宿（住二人间时只收一个成人的房间费），吃饭，燃油费。

旅游须知

由于其高处的海拔达到了3000米，所以有可能会出现头疼、恶心等高山病的症状。如果出现这些情况的话，千万不要硬撑着。在此旅游的时候，要比平常喝更多的水，不要做剧烈运动，同时由于地处高地，温差比较大，就算是夏天，早晚的时候也要做好防寒准备。整个旅程中步行的时间比较多，大家要准备好比较容易行走的鞋子。

在九寨沟散步的话，一定要随时喝水，补充水分。

也想来这里看看

从九寨沟出发，大约3个小时的车程你就可以到达著名的黄龙，这里成片的石灰石池塘连接成一片，就像是梯田一样。池塘的颜色随天气的变化而变化，覆盖在底部的黄色岩石由于石灰岩的影响，从上面看起来就像是一条横卧着的龙，所以命名为黄龙。从那里你可以顺着绳索攀登到3500米海拔的地方，这需要四五个小时。此外，主要的行动地点成都还是熊猫的故乡。在这里，熊猫几乎是在野生的状态下饲养的，你可以近距离地和熊猫接触，而不是透过玻璃远远地观看。

九寨沟门票可允许两次进沟，但只适用于淡季（11月至次年3月），去九寨可选择跟团或自由行，旅行团相对方便且价格更划算，自由行时间相对宽松且行程自由，可根据需要再作选择。

绝景53 竹田城遗址 日本

日本独有的"天空之城"马丘比丘

景点去程

从北京没有直接到竹田的航班，可以先乘飞机到东京，再从东京去竹田。从东京坐火车的话，首先从姬路出发，坐到竹田站下车。从车站走30分钟左右的山路就可以到达了。2013年9月之前，在周末及法定节假日的时候，从大阪出发的特快列车有一部分在竹田站临时停车。

也可以坐日本的国内航班，从东京的羽田机场到伊丹机场再到但马机场。出机场之后乘坐巴士到早富冈站下车，在那里继续换乘JR在竹田站下车。

真棒！平濑由久先生

前几天的晚上，古城还点灯了。简直就像是外星人着陆一般，当然这样的场景被我拍了下来，哈哈。

真棒！芦田泉小姐

到达古城之后，不登上对面的山坡看清晨飘浮在云海中的古城就太可惜了。

行程

SUPERB TOUR PLAN

第一天 北京首都国际机场—东京（住宿）

第二天 乘坐新干线从东京出发—姬路观光—竹田观光—和田山—城崎住宿

第三天 城崎—富冈—出石观光—天桥立观光—福知山—大阪或是京都—东京

第四天 东京—北京首都国际机场

去出石的话一定要吃一下荞麦面。

推荐旅行季节

秋季或是冬季

竹田城的别名叫作"天空之城"，原因是清晨的时候，竹田城就像是漂浮在云海中一样。这样的云海一般在秋季、冬季的早上才会出现，因此推荐大家在这段时间过去看看。

旅行预算

大约1万人民币

包括机票，新干线，当地交通费，住宿。

旅游须知

去竹田城的话，一定要从山顶上面俯视下面的景色。为了见到这样的景色，爬上山顶的途中都是比较难走的小道，大家一定要穿容易行走的运动鞋。此外，将所有东西放在背包里，只背着一个背包登山也比较好。

也想来这里看看

既然去但马旅游，一定要在著名的温泉——城崎温泉住一晚。再往西去的话，就会来到吉永小百合主演的电视剧《梦千代日记》中出现的汤村温泉的所在地了。推荐大家在冬天的时候，来这里看看。在这个季节才能够吃到日本海的螃蟹，这是近畿地区冬天独有的味道。

另外，去丹后方向的话，天桥立正在迎接你。如果是自己开车的话，可以在途中的出石停一下，下车去吃吃出石的荞麦面。

好吃的螃蟹火锅。

绝景 54

雨树

美国

产于美国热带的高木，在瓦胡岛的摩娜拉花园里生长的这棵大树现在因成为日立公司广告宣传树而为人们所知。它的树干只有7米粗，可是伸展的树枝从左到右的距离已经达到40米了。

绝景 55

角岛

日本

位于日本山口县的西北部，漂浮于日本海之上的小岛。碧绿的海水、洁白的沙滩交相辉映的场景经常出现在电影中。角岛大桥是架在离岛上的日本第二长的桥，是拍摄照片的绝佳位置。

绝景54　雨树　美国

在浓密的树阴下好好地睡个午觉

景点去程

从威基基的中心部出发，乘坐高速路1号线，到达市中心之后，乘坐201，从3号出口出来，一会儿就可以到达摩娜拉花园，雨树就生长在这个公园里。从威基基市中心开车去大约需要20分钟。

瓦胡岛上有许多可供欣赏的地方。

首先去檀香山。

SUPERB TOUR PLAN

行程

第一天　北京首都国际机场—檀香山—摩娜拉花园—檀香山住宿

第二天　檀香山住宿

第三天　檀香山

第四天　到达北京首都国际机场

想品尝一下正宗的甜甜圈。

推荐旅行季节

夏季

夏季是夏威夷最好的季节。晴天的日子特别多，碧蓝的天空和雨树的碧绿交相辉映，真是太美了。

旅行预算

大约2万人民币

包括飞机票，当地接送，住宿（2人的话只收1人份的钱），燃油费。

旅游须知

这里很安全，所以几乎没有什么需要注意的地方。一个人去的话，注意一下不要弄错高速路的出口，又回到威基基就可以了。在高速路坐201的时候，要好好看看站牌。

当地的菠萝蜜特别好吃，特别有名！

也想来这里看看

雨树位于威基基和北岸之间，因此如果时间充足，大家还可以去北岸看看。在去的途中，大家会路过一个叫“杜尔凤梨园”的地方，里面的菠萝蜜特别好吃，大家一定要过去吃吃看，边吃边去北岸的城市哈雷瓦。

漫步于城市之中的时候，你可以感受到整个城市所具有的历史感——从19世纪后半期开始因砂糖产业而繁荣起来的城市。此外，还有很多符合女孩子们口味的商店，也比较密集，女孩子们在这里可以好好地体验一下购物的乐趣。

另外，在去雨树之前，大家可以先从威基基市内出发，沿着卡帕胡鲁大道去一个叫作“李奥纳德”的店铺，买一些甜甜圈，在到达雨树之后，可以坐在树下吃好吃的甜甜圈。在这里吃的甜甜圈比平常吃的更好吃哦。

绝景55 角岛 日本

太美了，让人总有一种是南国的错觉

景点去程

可以先乘坐航班到日本东京，再从东京羽田机场到北九州机场，再到山角岛，开车去的话，走自动车道美弥高架或是下关高架，大约需要60分钟就可以到达。

坐电车的话，从下关站乘坐山阴本线在特牛站下车，顺便说一句，特牛站因其读音特别难而为人们所熟知。之后在特牛站换乘巴士，20-30分钟就可以到达。

真棒！加集留美小姐

我去的时候，虽然是阴天，可是这依然是一个非常漂亮的地方。推荐大家去附近西长门度假村的酒店看看，特别好。

真棒！齐藤美由纪小姐

我曾经去过这里，嘿嘿。夜晚也很漂亮。就像是夜晚的天文馆一样。

角岛的美食
烤海螺！

行程

SUPERB TOUR PLAN

第一天	北京首都国际机场—东京（住宿）
第二天	羽田机场—山口宇部机场或是北九州机场—坐车去角岛—角岛或是郊区的温泉住宿
第三天	角岛或是郊区的温泉—荻市观光—秋吉台观光—山口宇部机场—到达羽田机场
第四天	东京—北京首都国际机场

一定要去泡泡温泉。

推荐旅行季节

夏季

推荐大家夏季的时候去看看。大家可以在面临着日本海的白色沙滩上洗海水浴或是露营。当然春天、秋天的时候，也有很多人为了看美丽的夕阳而来到这里。

旅行预算

大约 **1** 万人民币

包括飞机票，住宿。

荻市的夏橘特别出名，可以作为送给亲朋好友的礼物！

旅游须知

夏季去的话，一定要带上泳衣等可以充分享受海水浴乐趣的工具。冬天的时候，海面上波浪较为凶猛，且雪比较大，建议大家最好不要去海边。

也想来这里看看

荻市从幕府末期到明治维新期间涌现出了许多著名的人物，至今他们活动过的遗迹还保存在这里。位于山口县正中央的秋吉台，作为日本最大的喀斯特地貌为人们所熟知。去那里的话，一定要看看那巨大的钟乳石。

在荻市可以体验其悠久的历史。

绝景 56

宝塔

缅甸

135 缅甸到处都有佛塔。对于缅甸人来说，宝塔就是释迦牟尼的化身，作为菩萨居住的地方，宝塔是非常重要的。特别是在仰光中心位置的大金塔特别有名。

推荐大家在早晨的雾霭中看那梦幻的景色

仰光也有许多美丽的宝塔。

景点去程

首先要从仰光乘坐国内航班去世界三大佛教遗址之一的蒲甘，蒲甘因宝塔而为人们所知，仰光距离蒲甘大约是一个半小时的航程。之后从蒲甘机场出发，大约20分钟的车程之后就会到达蒲甘的佛塔遗迹群，出租车费用大约60元人民币。一个人旅游的话，可以有三种方式游蒲甘遗迹，分别是出租车、自行车和马车。

真棒！晋山幸枝小姐

这里真漂亮呀。一边听着诵经的声音，一边看着夕阳西下真是一种享受呀。虽然有点夸张，可是在这里好像真的能感受到来自大地无穷的力量，大家一定要来这里看看呀。

SUPERB TOUR PLAN

行程

第一天	北京首都国际机场—昆明中转—仰光住宿
第二天	仰光—蒲甘遗址观光—蒲甘住宿
第三天	波帕山，蒲甘郊外观光—蒲甘住宿
第四天	蒲甘—仰光市内观光—仰光—昆明中转
第五天	到达北京首都国际机场

缅甸最大城市的生机！

也想看看丹瑞衮塔。

推荐旅行季节

10月到次年2月

10月到次年2月是缅甸的干季，白天中午的时候，温度也不算太高，湿度也正好，特别宜人，因而这段时间是去缅甸旅行的最佳时期。欧洲的很多游客也是集中在这段时间来缅甸旅行的。这段时期酒店、航班都会比较紧张，大家一定要提前预约。

旅行预算

大约1万人民币

包括飞机票，机场接送巴士，住宿，燃油费，仰光·蒲甘5日游。

榴莲也是当地有名的水果。

旅游须知

去缅甸的话，必须需要签证，大家在出发之前一定要取得签证。同时，在缅甸几乎不能使用信用卡，也不能换钱，所以大家要直接带美元过去。在进入宝塔、寺院里参观的时候，必须要赤脚，建议大家穿比较容易穿的凉鞋，此外，不要忘记携带擦脚的湿纸巾。同时，穿热裤和短裙的人是不可以进入的，大家去参观的时候，一定要记住穿长裤去。

也想来这里看看

曼德勒是缅甸最后一个王朝的首都，现在作为缅甸的第二大经济都市发展着。建议大家在5天的行程结束之后，再增加1天的行程去曼德勒看看。

从可以称得上是圣地的曼德勒楼上能遥望古代皇宫和夕阳西下时的景色。

在曼德勒郊外的阿马拉布拉城，你可以去什温纳祷修道院看看，在那里你可以看到僧侣们的日常生活。此外，你还可以体验世界上最长的木质桥——乌本桥，全长1.2千米。

就算不是信者，在宝塔内都能变得很沉静。

6

番外篇：日本一周

文：诗步

我是一个吃货。
我经常一个人去拉面店或是旋转寿司店吃东西。
大学的时候，我吃得比外号叫作大猩猩的学姐（学姐，对不起）还多，学姐都震惊了。

我想把日本好吃的东西全吃一遍。
21岁的时候，我怀揣着这样的想法，开始了我的日本一周吃旅行。
在这里我向大家介绍一下当时我吃到的各种美食。

出发！！
从羽田机场出发去美食的大地——北海道

北海道

在北海道吃的美食

札幌拉面，劳埃德家的热巧克力，牛奶天妇罗，咖喱汤，旭川拉面，夕张甜面包，螃蟹自助餐，羊肉蔬菜汤，函馆拉面，土方岁三汉堡，早市的海鲜盖浇饭。

坐船去本州

东北

使用JR东北地区的车票，坐慢车到东北地区游玩

在东北部吃的东西

盛冈冷面，横手炒面，荞麦面，麻糬，烤牡蛎，炸牡蛎，牡蛎咖喱面包，甜面包，牛肉盖浇饭。

关东地区北部

回到东京，再次从羽田机场出发去鹿儿岛

在北关东吃的食物

喜多方拉面，樱花汉堡，郡山拉面，宇都宫饺子1，宇都宫饺子2，宇都宫饺子3，汤叶套餐。

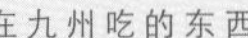

九州

在九州吃的东西

黑猪炸猪排，天文馆的猪肉拉面，炸鱼，辣莲藕，太平蒸，熊本拉面，长崎面汤，长崎蛋糕，猪肉包子，佐世保汉堡，博多拉面，博多炒面，明太子饭团。

坐火车经过下关海峡到达本州

中国地方

在中国地方吃的美食

油炸河豚，河豚汉堡，广岛烧麦，红叶馒头，红烧牡蛎盖浇饭，出云荞麦面，日本海的会席料理。

渡过濑户大桥去香川县

四国

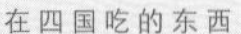

在四国吃的东西

赞岐乌冬面1，赞岐乌冬面2，赞岐乌冬面3，赞岐乌冬面4

只在四国停留了一个小时，又回到本州去了

近畿，东海地区

近畿，东海地区吃的东西

烤乌贼，烤章鱼，宇治抹茶，伊势乌冬，伊势炸虾，松阪牛炸肉饼，等等。

啊！肚子又饿了。

绝景 57

南极大陆极光

南极

以南极点为中心的大陆，面积是澳大利亚的两倍，是地球上最寒冷的地区之一，最低气温达到零下90摄氏度。上面的冰川是由将近3000万年的冰雪堆积而成的，最厚地方的冰川深度能够达到4000米左右。

绝景 58

圣诞老人村

芬兰

位于芬兰北部罗瓦涅米市郊外的游乐园里，在这里，圣诞节就不用说了，你可以每天都看到圣诞老人。村子的一部分位于北极圈以内，在附近有时候能看到极光。

不属于任何国家的冰川之国的护照怎么办

景点去程

去南极大陆要有相当大的觉悟和费用。在南极极短的夏天11月到3月期间，从乌斯怀亚出发有去南极旅游的航船，为期在10—20天，除此之外，11月到3月期间从智利的蓬塔阿雷纳斯也有去南极的航班，该趟航班经由威廉姆斯港去雷乔治岛。

在南极你也许会看见极地企鹅。

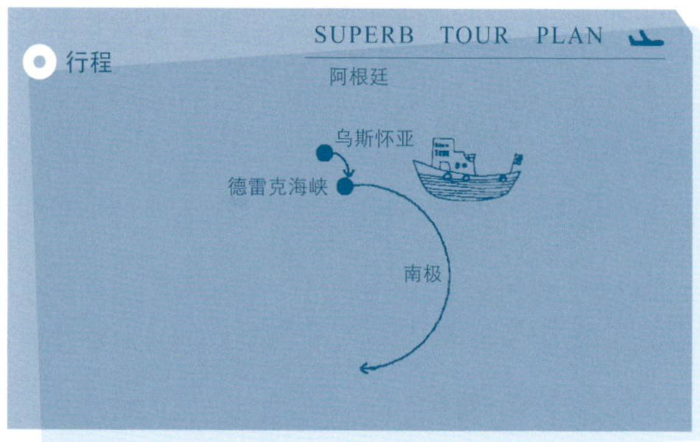

居然有去南极的旅行，太刺激了。

推荐旅行季节	旅行预算	旅游须知
12月到次年2月	大约5—10万人民币	到南极后，要特别注意防晒，此外，随身携带的物品最好都是防水的。在航行中，也许会有碰到鲸鱼的可能，所以带上防水的眼镜比较好。
南极大陆的夏天是12月到次年2月，推荐大家这段时间过去。南极大陆是历史上唯一没有人类居住的地方，光这点就很能吸引人。	根据去的时间不同而有差异。	

坐上船向南极大陆出发！

也想来这里看看

在享受美景的同时，大家也可以享受在去南极过程中的乐趣。夏天的时候，参加从墨尔本出发去南极的飞行之旅怎么样？这趟飞行只限定于2013年除夕夜。从墨尔本机场出发，全程约12个小时。在南极上空参观时间为4个小时左右，在这4个小时之内，你能领略到无比美丽的南极景色。

行程可以从澳航航空的19条路线当中精选出一条来，除此之外，还能向经验丰富的探险家咨询一些关于南极方面的知识。在南极你可以看到各种美景。如观测南极的磁极、罗斯冰架、维多利亚地山脉。澳航航空公司在飞行过程中提供早饭和晚饭，还附带酒吧，大家可以去那里喝点小酒。其机舱分为经济舱和商务舱，大家可以根据自身情况自由选择。除了一部分机舱之外，在整个旅程中，大家可以申请将自己的座位换至窗边或是靠近窗边的位置。这个航行旅行的报价在6000元人民币左右，相对来说比较便宜。（不能实际在南极大陆降落）。

收到来自圣诞老人的贺卡，特别高兴，至今都记得

景点去程

北京首都国际机场每天都有直飞芬兰首都赫尔辛基的航班，可以从赫尔辛基机场转机到达离圣诞老人村最近的机场——罗瓦涅米机场，全程大约11个小时。从机场坐车到市中心大约需要15分钟。在罗瓦涅米站或巴士终点站坐上8路车，差不多20分钟之后就能到达圣诞老人村。巴士大约是1个小时1班车。圣诞老人村全年无休，每天都开放。

冬天的赫尔辛基道路和港口都结冰了。

一望无际的大雪原也是奇美无比的。

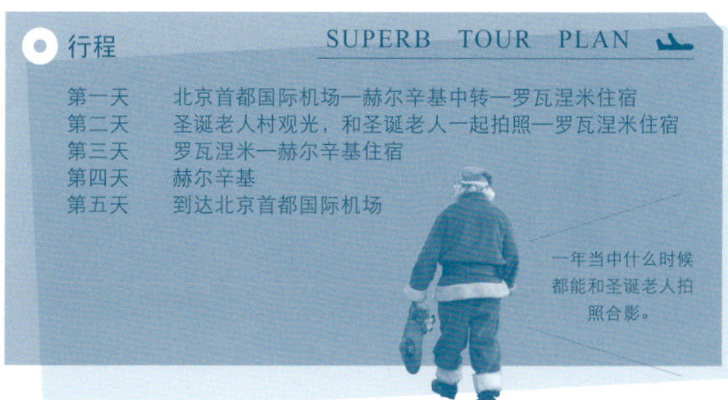

行程 SUPERB TOUR PLAN

第一天	北京首都国际机场—赫尔辛基中转—罗瓦涅米住宿
第二天	圣诞老人村观光，和圣诞老人一起拍照—罗瓦涅米住宿
第三天	罗瓦涅米—赫尔辛基住宿
第四天	赫尔辛基
第五天	到达北京首都国际机场

一年当中什么时候都能和圣诞老人拍照合影。

推荐旅行季节

12月到1月

圣诞老人村每天都是圣诞节，极昼的夏季虽然也很好，可是冬季（11—次年2月）的时候，正好和真正的圣诞节重合在一起不是更热闹嘛。此外，在这期间还能玩许多的雪上活动，是更有乐趣的一种运动呀。

旅行预算

大约1万人民币

包括飞机票，巴士，出租车，和圣诞老人拍照，住宿（以12月份上旬出发为例）。

旅游须知

由于拥有圣诞老人村的罗瓦涅米位于北极圈以内，所以就算是夏天的时候，也要穿一件稍微厚一点的上衣。冬天的时候，室内都特别冷，建议大家穿一些比较容易穿、脱的衣服。此外，由于其位于离太阳比较近的极圈内，要特别注意防晒，太阳镜、防晒霜等物品都是不可缺少的。

也想来这里看看

从罗瓦涅米回赫尔辛基的时候，不乘坐飞机，体验一下“圣诞老人快递”卧铺列车怎么样？该趟列车里洗澡间、餐厅等基础设施都比较完备，在晚上休息的时候还能保持前进，非常节约时间。夏天白昼的时候，在列车上你可以看到在飞机上无法看到的芬兰的景色。

在圣诞节的季节白昼的时候，坐上圣诞老人号的列车，体验一下旅行的乐趣，这大概是芬兰所独有的吧！

冬天的芬兰就像是童话中的世界。

这样的美景是最好的礼物。

绝景 59

龙舌兰洞

墨西哥

位于尤卡坦半岛的地底湖。洞就是地底湖的意思，这种地形比较普遍，在墨西哥各个地方都有。湖里设置了跳台，就算是没有许可证也可以在里面畅游一番。由于里面没有微生物，据说透明度可以达到100米。

绝景 60

真名井瀑布

日本

位于日本宫崎县北部，高千穗峡的瀑布是日本瀑布百名榜中之一。它作为经常出现在神话中的地点为人们所熟知，充满着神秘的气息。夏天的时候，还会点亮许多灯，你可以在无比幽玄的氛围中，享受你的旅行。

沉积着大量钟乳石的不可思议的湖泊

可以看到美丽的加勒比海、图伦遗迹。

景点去程

从北京去墨西哥的坎昆，需要在美国中转才能到达。到达坎昆后，可以参加当地的旅行团。之后就从坎昆出发，坐车去龙舌兰洞。在那里你可以体验到浮潜、跳水。有专业教练指导大家，大家可以放心。

SUPERB TOUR PLAN

行程

第一天　北京首都国际机场—纽约中转—坎昆住宿

第二天　参观龙舌兰洞—图伦遗迹观光

第三天　坎昆—纽约中转

第四天　到达北京首都国际机场

到处都有各种各样新奇的设计。

真棒！黑坂麻衣子小姐

我来过这里，还在这里游泳了。湖水特别地透明，就像在空中翱翔一样。照射进钟乳石的阳光也特别美丽。此外，在去的途中，大家可以乘坐好玩的马车试试看。

推荐旅行季节

夏季

一年到头水温在20摄氏度左右，大家可以在里面游泳。坎昆分为夏季（5—9月）和冬季（10—次年4月），推荐大家夏季的时候去看看，在阳光充沛的夏季，畅游在湖水中，你能看见一个更加梦幻的世界。

旅行预算

大约2万人民币

包括飞机票，住宿，自由行（包括一次中饭），景点门票，图伦遗迹门票，机场接送，燃油费。

旅游须知

就算没有许可证，也可以享受到跳水的乐趣（根据旅行团的安排）。水中的世界特别梦幻，建议大家携带水中相机去，畅游的时候还能拍拍美景。此外，和旅行团去的时候，带上自己的毛巾就足够了。潜水衣的话，可以在景点处租赁（要钱）。

防晒的阔边帽。

也想来这里看看

首先要向大家推荐的是科苏梅尔岛，它是墨西哥第三大岛，从坎昆坐车向南走，大约1个小时之后，改乘船，大约40分钟之后就可以到达。在这里你可以体验各种运动、潜水、跳水等。岛上还有美丽的昌卡纳国家公园，在公园里你可以欣赏到广阔无垠的白色沙滩的南国景色。

推荐大家去的另一个景点是玛雅文明圈中著名的奇琴伊察遗址，在游完了坎昆之后，大约有九成的游客都会来这里看看。坎昆距离奇琴伊察遗址大约有两个半小时的车程。

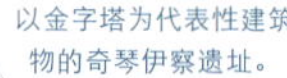

以金字塔为代表性建筑物的奇琴伊察遗址。

绝景60　真名井瀑布　日本

想走到瀑布下面，接受神灵的洗礼

景点去程

中国没有直达当地的飞机，需要从东京转机到熊本机场，从熊本机场出发大约90分钟的路程。瀑布附近有停车场，所以大家可以直接将车开到瀑布旁边的停车场。坐电车或是巴士的话，从JR日丰本线延冈站坐上去往高千穗巴士中心方向的车就可以了，大约1个小时20分钟之后，在终点站下车，徒步走30分钟就可以到达。

真棒！中森亚纪小姐

从我家出发1个半小时就能到。这张照片是在晴天的上午拍的，这时可以充分享受到水的颜色，真的非常漂亮。另外，强调一下，严格说起来，只有在11—13点之间，太阳直射水面的时候，水面才会折射出翡翠色的绿光。只不过，前几天黄金周的时候，我又过去了，可是光排队登船就花了6个小时左右，建议大家在平时去，如果在节假日去的话，一定要事先预约好。

真棒！关口美保子小姐

我不会划船，一下子掉进瀑布下面去了，变成了落汤鸡，可是依然是一次非常美好的回忆。

一定要尝尝高千穗的特产——三文鱼。

SUPERB TOUR PLAN

行程

第一天	北京首都国际机场—东京中转—熊本机场—阿苏（住宿）
第二天	草千里观光—阿苏山火山口观光—阿苏住宿
第三天	阿苏—高千穗峡，真名井瀑布，高千穗神社，天安河原—高千穗住宿
第四天	高千穗—克鲁兹海—马背住宿
第五天	熊本机场—东京中转—北京首都国际机场

推荐旅行季节

秋季

秋季是最好的旅游季节。高千穗峡整个被火红的枫叶给覆盖住了。另外，你还可以从上下两个方向观看真名井瀑布的景色，枫叶季节的时候，树叶会落在水面上，堆积在那里，水面都染成了一片红色。

旅行预算

大约**1.2**万人民币

包括飞机票，租车，住宿（双人房只收取一个人的钱），吃饭（2晚4顿），各种税。

旅游须知

作为避暑胜地的高千穗峡，夏天特别凉爽，其余季节就比较冷了。所以除了一般性的衣服之外，最好还要带些披肩之类的保暖的衣服。此外，旅游旺季的时候，由于高千穗峡的停车场几乎都是停满的状态，不得不将车停在较远的停车场里，这时最好不要穿凉鞋等不好走的鞋。

宫崎县日向市的克鲁兹海和高千穗峡，和真名井瀑布一样作为三大充满力量的景点之一为人们所知。据说克鲁兹海拥有能让这里的人愿望成真的神奇力量。

克鲁兹在葡萄牙语中的意思是“十字”，从眺望台看克鲁兹海就会发现它的形状和“实现”的“实”字特别地像，所以才会有前面那样的传说。

此外，冲绳一望无际的碧绿色的大海也是不得不看的美景呀。

品尝完日向的海鲜再回去吧！

绝景 61

汤西川温泉

日本

位于日光市的温泉街。每年的1—3月都会在这里举行镰仓节。在许多的小镰仓里面放入烛火，会散发出梦幻的火光，除了小镰仓之外，也有大镰仓，在温暖的镰仓中可以欣赏到外面的雪景，2013年迎来了其20周年纪念日。

147

绝景 62

的的喀喀湖

秘鲁·玻利维亚

位于秘鲁和玻利维亚的交界处，是世界上可以航海的海拔最高的湖，海拔约3800米，比日本的富士山还要高。湖里有大小41个岛，土著居民就在这些岛上生活着，美丽的天空蓝和湖水的碧蓝交相辉映，形成一幅美丽的画卷。

太阳慢慢落山之后，雪景变得更梦幻了

景点去程

从中国去的话，可以先乘坐飞机到东京，再从东京出发去汤西川温泉，可以选择坐火车或者租车去。坐火车的话，首先要坐东武特快去鬼怒川。在那里转乘巴士，大约50分钟之后就可以到达，开车去的话，东北自动车道路今市高架出口出来，差不多1个小时就到了。虽然那里通行的巴士数量不多，由于其属于雪量较多的区域，推荐大家使用JR和巴士去，这样沿途可以看到美丽的雪景。

真棒！高村明子小姐

去年去的，真的非常漂亮。整个城市举办的灯节太棒了。

真棒！松浦久美子小姐

我上份工作的地点就在这里。特别好的一个地方。在泡温泉的时候，身心都变得温暖起来，太舒服了。

历史悠久的城市也有一种寂寥感。

行程

SUPERB TOUR PLAN

第一天　北京首都国际机场—东京—浅草—乘坐东武特快到鬼怒川温泉—乘坐巴士到汤西川温泉

第二天　汤西川温泉—乘坐巴士到鬼怒川温泉—乘坐东武特快到浅草

第三天　浅草—东京—北京首都国际机场

坐车回来的时候，在浅草可以看到天空之树。

火烤菜是汤西川温泉的特色菜。

推荐旅行季节

冬季

梦幻的镰仓节是在冬天举行的，此外，推荐大家在红叶季节——秋季也去看看。大家可以去被认为是平清盛家族当时隐居的地方住一晚，尝一下火烤菜。

旅行预算

大约8000元人民币

包括电车，巴士，住宿费。

旅游须知

由于当地的积雪比较深，所以大家要穿比较容易行走的鞋子和暖和的衣服。

也想来这里看看

在汤西川温泉泡完温泉之后，去世界遗产日光看看怎么样？

在日光你除了可以看到以日光东照宫为主的历史遗址之外，还能看到许多美丽的自然景色，如秋天的时候在伊吕波坂观赏红叶，冬天的时候在结冰的华严瀑布欣赏雪景。

日光东照宫、华严瀑布都比较近。

坐船太晃了，小心患高山病

景点去程

首先要从中国去秘鲁的首都利马，可以从阿姆斯特丹中转过去，差不多需要30个小时。之后再乘坐秘鲁的国内航班去库斯科，大约1个小时20分钟就可以到达(一天差不多有20趟航班)。

之后可以从库斯科出发坐10个小时的火车，或是从利马机场飞到胡利亚卡机场（一天差不多有6趟航班），加上中转时间的话，差不多需要2—3个小时。

之后离的的喀喀湖所在地普诺只要再坐45分钟的巴士就可以到达了。

真棒！小林夏美小姐

我是两年前去的，那时的的的喀喀湖真是太美了。离天空真近呀。

真棒！横谷汤地先生

登上太阳之岛真的是太难了，海拔太高了。

行程

SUPERB TOUR PLAN

第一天	北京首都国际机场—阿姆斯特丹中转
第二天	利马住宿
第三天	利马—胡利亚卡—乘坐巴士去普诺
第四天	乌罗什岛观光—普诺住宿
第五天	乘坐巴士去胡利亚卡—利马
第六天	利马—阿姆斯特丹中转
第七天	到达北京首都国际机场

那里有成群的羊驼。

推荐旅行季节

5月到9月

5月到9月是当地的干季，推荐大家在此期间过去看看。因为雨季的时候，有时候降雨量特别多，会将道路淹没，不易通行。所以大家还是在干季的时候去比较好。

旅行预算

大约1.4万人民币

包括飞机票，住宿，机场接送，乌罗什岛划船。

旅游须知

普诺的海拔为3827米，日晒特别地强烈，所以大家一定要做好防晒准备，太阳镜等东西是必须携带的。另外，晚上温度会突然降低，厚毛毯就成了必不可少的保暖物品。此外，在去之前，要事先了解一下高山病的相关情况，这样遇到时，就可以不用太慌张，沉着应对了。

如果时间充裕，可以再停留一天的话，大家可以去玻利维亚看看。去的时候，你可以体验到在日本无法体验到的那种横跨大陆的感觉。此外，你还能去从印加帝国就开始存在的宗教之城——科帕卡巴纳看看，那里至今都有许多非常虔诚的信者。在这里，每年4月的时候，都会举行具有传统意义的狂欢节。

蒂亚瓦纳科遗址、乌尤尼盐湖都在玻利维亚。

绝景 63

玄海镇的梯田

日本

位于佐贺县的北部，浜野浦区的梯田，是日本百位梯田排行榜之一。在面朝着日本海的展望台上，可以将美丽的梯田一览无余。傍晚的时候，梯田里面的水折射出的夕阳余晖，展开了一幅犹如童话世界般的画卷。照片是5月上旬还没有种植水稻的时候。

绝景 64

富士山

日本

横跨静冈、山梨两县，是日本第一高山，海拔3776米。周围没有其他群山，是一座独立的山峰。自古以来，很多人都为它独有的美所折服。2013年，它被认定为世界遗产。

想一直保护这美丽的景色

景点去程

可以乘坐航班到达长崎机场，再从长崎机场租车到达景点，大约需要110分钟车程。坐车到达景点要在JR筑肥线的唐津站坐昭和巴士到浜野站，大约需要50分钟，下车后，步行5分钟就可以到达梯田。

在青岛或者大连附近的人可以直飞到福冈机场，从福冈机场到达景点的时间与长崎机场差不多。

真棒！原真纪友子小姐
我就住在佐贺。我特别喜欢这里的风景。如果不是还没有种植水稻的6月之前的话，是无法拍出这样的照片的。

真棒！永岛昭先生
夕阳之下的景色就是我一直想拍的。许多摄影爱好者都摆好三脚架在这里等着。

唐津湾的风景
也很美丽！

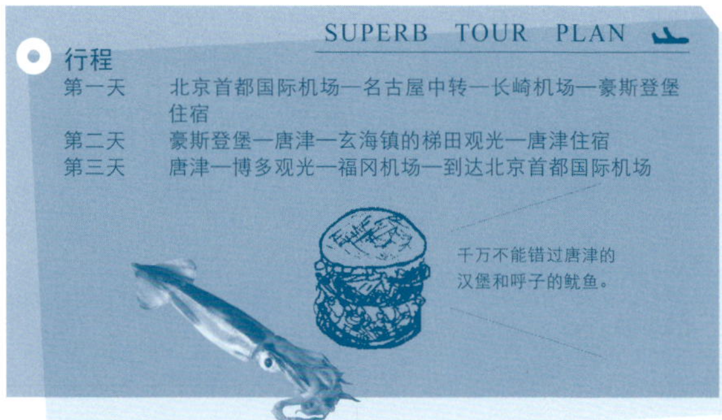

SUPERB TOUR PLAN

行程

第一天　北京首都国际机场—名古屋中转—长崎机场—豪斯登堡住宿

第二天　豪斯登堡—唐津—玄海镇的梯田观光—唐津住宿

第三天　唐津—博多观光—福冈机场—到达北京首都国际机场

千万不能错过唐津的汉堡和呼子的鱿鱼。

推荐旅行季节

5月

在还没有种植水稻的5月，大家在这里可以看到夕阳下美丽的梯田。这里气候比较稳定，可以悠闲地享受树木吐出绿荫的景色。

旅行预算

大约7000元人民币

包括飞机票，租车，住宿（双人间只收一个人的钱），吃饭（早饭2顿），各种税收。

旅游须知

租车去的话很方便。这里是日本最美的梯田之一。所以大家去的时候，一定要将自己的相机带上，在拍摄夕阳下的梯田的时候，一定要看准时机，要在云少的时候拍摄。随着夕阳的移动，梯田的景色也是不同的，所以，大家的时间还是比较充足的，只不过有一点，大家要事先调查一下日落时间，这样才能更好地安排自己的拍摄时间。此外，这里也被看作恋人的胜地，是最好的求婚和告白地点，恋人们要做好心理准备哦。

也想来这里看看

来到了这里，大家一定要尝尝这里的活鱿鱼菜。还可以一览对马、壹岐等地方的美景。此外，在旅途中，你还能隐隐约约看到福冈最西部的系岛市火山的山顶。

从系岛、名古屋遗迹可以清楚地看到玄海滩。

就像是在远方守护我们的家人一样

景点去程

富士山主要的登山口有4个，分别是富士宫五合目，须走五合目，富士斯巴鲁线五合目，御殿场新五合目。这4个登山口各有各的特点。人们最常走的是富士斯巴鲁线五合目上山的吉田路线。不管从哪个角度都能看到美丽的景色，沿途还有许多小房子，比较适合初级登山者。

顺便说一下，富士宫口的路线虽然是最短的，可是由于其登山道比较狭窄，有时候会发生堵塞的情况。须走路线和御殿场新登山客比较少，比较安静，可是须走路线在途中会和吉田路线汇合，这时堵塞就是不可避免的了。御殿场新路线的距离太长了，不适合初学者。根据自己的目的和能力选择相应的登山道是非常重要的。

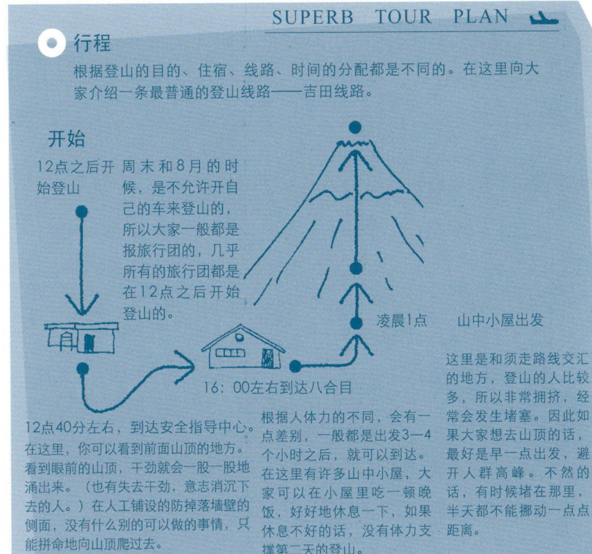

推荐旅行季节

夏季

富士山是从7月1日到8月26日这段时间开山，只不过大家要注意一下7月中上旬的梅雨季节。在雨中登山的话，难度会很大，会影响爬上山顶的成功率，因此推荐大家在新月的时候去登山，这时月亮还很小，你可以欣赏满天的繁星。

旅行预算

大约7000元人民币

单程北京—东京机票含税3000元人民币
东京—富士山火车往返票320元人民币
住宿500元/晚

旅游须知

登富士山的时候，一定要带上雨具（塑料薄膜做的不行）、防寒服、电灯、登山靴，穿登山靴是为了防止滑倒，在当地没有出租的，所以只能自己购买。另外，在平地的时候，大家就可以穿穿，让自己习惯一下。虽然两天一夜的行程看起来很简单，可是因为富士山是日本第一的高山，所以大家还是要注意一下，特别是高山病。如果在途中感觉头疼，呼吸困难的话，一定要好好休息，多喝水。山顶的平均气温低于东京22摄氏度，所以打算在山顶看日出的游客，一定要做好防寒保暖措施。

看完日出之后，建议大家去周围转转。你可以看大富士山的火山口、最高点，信仰之山上有各种神社，还有只有夏季才营业的邮局。

另外，登完山后，大家还可以泡泡温泉祛除疲劳。富士山周围有许多温泉，还有很多温泉一日游。大家可以过去看看。其中最想推荐大家去体验的是可以边泡着露天温泉边欣赏富士山美景的温泉会馆游。边泡温泉边看自己曾经爬过的山的感觉是最棒的。只能远观的富士山突然出现在自己身边的这种感觉，光是想想也无比激动。

从三保松原看到的富士山是最美的！

又想踏上旅途了。

索 引

※　关于书中的信息，请在旅行前确认最新的信息。
※　本书中所记载的时间、费用、交通方式只是一个参照，有时会根据实际状况发生改变。
※　介绍的内容几乎都是参照以前的内容进行叙述的，以后也许会有一些变化。
※　由于情报失误造成的损失，我们概不负责，尽请谅解。

图书在版编目（CIP）数据

绝景之美 /（日）诗步著；汪云云译. —北京：测绘出版社，2015.5

ISBN 978-7-5030-3712-2

Ⅰ. ①绝… Ⅱ. ①诗… ②汪… Ⅲ. ①旅游指南—世界 Ⅳ. ①K919

中国版本图书馆CIP数据核字（2015）第067904号

版权登记号：图字 01-2015-2430

责任编辑 赵 强
封面设计 木夕设计

出版发行	测绘出版社	电 话	010-83060872（发行部）
地 址	北京市西城区三里河路50号		010-68531609（门市部）
邮政编码	100045		010-68531538（编辑部）
电子信箱	smp@sinomaps.com	网 址	www.chinasmp.com
印 刷	小森印刷（北京）有限公司	经 销	各地新华书店
成品规格	138mm × 210mm	印 张	5
字 数	120千字	版 次	2015年7月第1版
印 次	2015年7月第1次印刷	定 价	39.80元

书 号 ISBN 978-7-5030-3712-2
如发现图书质量问题，可联系调换。质量投诉电话：010-82069336